Die astrologischen Aspekte

Aspekte: die Dynamik des Tierkreises und die Struktur der Superstrings

Bücher von Harry Eilenstein

Astrologie

- Astrologie (496 S.)
- Die astrologischen Aspekte (88 S.)
- Photo-Astrologie (428 S.)
- Horoskop und Seele (120 S.)

Magie

- Handbuch für Zauberlehrlinge (408 S.)
- Tarot (104 S.)
- Physik und Magie (184 S.)
- Die Magie-Formel (156 S.)
- Krafttiere – Tiergöttinnen – Tiertänze (112 S.)
- Schwitzhütten (524 S.)

Meditation

- Der Lebenskraftkörper (230 S.)
- Die Chakren (100 S.)
- Das Chakren-System mit den Nebenchakren (296 S.)
- Meditation (140 S.)
- Drachenfeuer (124 S.)
- Reinkarnation (156 S.)

Kabbala

- Kursus der praktischen Kabbala (150 S.)
- Eltern der Erde (450 S.)
- Blüten des Lebensbaumes:
    - Die Struktur des kabbalistischen Lebensbaumes (370 S.)
    - Der kabbalistische Lebensbaum als Forschungshilfsmittel (580 S.)
    - Der kabbalistische Lebensbaum als spirituelle Landkarte (520 S.)

Religion allgemein

- Muttergöttin und Schamanen (168 S.)
- Göbekli Tepe (472 S.)
- Totempfähle (440 S.)
- Christus (60 S.)
- Dakini (80 S.)

- Vajra (76 S.)

Ägypten

- Hathor und Re 1: Götter und Mythen im Alten Ägypten (432 S.)
- Hathor und Re 2: Die altägyptische Religion – Ursprünge, Kult und Magie (396 S.)
- Isis (508 S.)

Indogermanen

- Die Entwicklung der indogermanischen Religionen (700 S.)
- Wurzeln und Zweige der indogermanischen Religion (224 S.)

Germanen

- Die Götter der Germanen (Band 1 – 80)
- Odin (300 S.)

Kelten

- Cernunnos (690 S.)
- Der Kessel von Gundestrup (220 S.)
- Der Chiemsee-Kessel (76)

Psychologie

- Über die Freude (100 S.)
- Das Geheimnis des inneren Friedens (252 S.)
- Das Beziehungsmandala (52 S.)
- Gefühle und ihre Verwandlungen (404 S.)
- einsgerichtet (140 S.)
- Liebe und Eigenständigkeit (216 S.)
- Von innerer Fülle zu äußerem Gedeihen (52 S.)
- Die Symbolik der Krankheiten (76 S.)

Kunst

- Herz des Tanzes – Tanz des Herzens (160 S.)

Drama

- König Athelstan (104 S.)

Kontakt: www.HarryEilenstein.de / Harry.Eilenstein@web.de

Herstellung und Verlag: Books on Demand GmbH, Norderstedt   **ISBN:** 9783748190868

Inhaltsverzeichnis

1. Die Aspekte

Die Aspekte sind ein eher unauffälliger Teil der Astrologie, auch wenn man sie ständig benutzt. Sie beschreiben die Dynamik in einem Horoskop, aber in der Regel weiß man über die Tierkreiszeichen und die Planten deutlich besser Bescheid als über die Aspekte.

Die Aspekte ergeben sich aus den Winkeln zwischen den Planeten – vom Geburtsort bzw. vom Mittelpunkt des Horoskopformulars aus gesehen, an dem sozusagen die Wiege des Neugeborenen steht.

Man kann jeden nur denkbaren Winkel untersuchen, in dem zwei Planeten zueinander stehen können – jedes Ergebnis, das man dabei findet und das durch eine gründliche Überprüfung der Ergebnisse bestätigt werden kann, kann man dann in allen folgenden Horoskopdeutungen verwenden.

Die fünf „klassischen" Aspekte sind Vielfache von 30°:

$$0° = \text{Konjunktion}$$
$$60° = \text{Sextil}$$
$$90° = \text{Quadrat}$$
$$120° = \text{Trigon}$$
$$180° = \text{Opposition}$$

Es gibt noch zwei weitere Aspekte, die ein Vielfaches von 30° sind:

$$30° = \text{Halbsextil}$$
$$150° = \text{Quincunx}$$

Angeregt durch das Auffinden des Halbsextils wurde auch das Halbquadrat untersucht – und möglicherweise in Analogie zum Quincunx auch das Anderthalbquadrat:

$$45° = \text{Halbquadrat}$$
$$135° = \text{Anderthalbquadrat}$$

Drei Trigone bilden im Horoskop ein gleichseitiges Dreieck; vier Quadrate bilden ein Quadrat, sechs Sextile bilden eine Wabe … da lag es nahe, auch einmal ein Pentagon (Fünfeck) zu untersuchen. Daraus ergaben sich das Quintil und das Biquintil:

$$72° = \text{Quintil}$$
$$144° = \text{Biquintil}$$

Einige dieser Aspekte liegen recht nahe beieinander, wie die folgende Übersicht zeigt:

0° = Konjunktion
30° = Halbsextil
45° = Halbquadrat
60° = Sextil
72° = Quintil
90° = Quadrat
120° = Trigon
135° = Anderthalbquadrat
144° = Biquintil
150° = Quincunx
180° = Opposition

Bei der Halbsumme wird nach Planeten gesucht, die genau zwischen zwei anderen Planeten stehen. Wenn also z.B. der Mars bei 15° Löwe steht und der Uranus bei 0° Löwe und der Pluto bei 30° Löwe, dann verbindet der Mars dadurch, daß er sowohl vom Uranus als auch vom Mars genau 15° entfernt steht, diese beiden Planeten mit sich.

Halbsumme

Im Mittelalter benutzte man noch einen weiteren Aspekt, der heute kaum noch verwendet wird: die Deklinationsparallele.

Die Planeten laufen (von der Erde aus betrachtet) alle auf ungefähr demselben Kreis am Himmel um die Erde. Der Kreis, auf dem die Sonne (scheinbar) um die Erde läuft, wird „Ekliptik" genannt. Da die Erdachse um 23,44° zu ihrer Umlaufbahn geneigt ist, haben auch der Äquator und die Ekliptik einen Winkel von 23,44° zueinander. Der auf den Himmel projizierte Äquator (Himmelsäquator) und die Ekliptik schneiden sich an zwei Stellen (Frühlingspunkt und Herbstpunkt).

Oder einfacher gesagt: Wenn man am Äquator steht und genau nach oben schaut, stehen die Planeten nicht immer genau über dem Beobachter, sondern bis zu 23,44° seitlich nach Norden oder Süden entfernt.

Die meisten Planeten weichen nur 0° bis 2,5° von der Ekliptik ab, die Venus jedoch 4°, der Merkur 7° und Pluto 17°. Daher kann der Pluto im Extrem bis zu 40° vom Himmelsäquator entfernt stehen.

Bei der Deklinationsparallele betrachtet man den Zusammenhang zwischen zwei Planeten, die gleichweit vom Himmelsäquator, also von dem „genau oben" eines Beobachters am Äquator abweichen.

Deklinationsparallele

Schließlich gibt es noch einen Aspekt, der so gut wie nie berücksichtigt wird, obwohl er eine ausgeprägte Eigendynamik hat: der isolierte Planet, der keinerlei Aspekte zu anderen Planeten hat. Er führt ein „Solo" auf und wird nicht in die übrige Horoskopstruktur integriert und muß sich daher aus seiner eigenen Dynamik heraus entwickeln und entfalten.

Isolation

Im dem vorliegenden Buch werden die sieben Aspekte betrachtet, die ein Vielfaches von 30° betragen. Das bedeutet nicht, daß die anderen Aspekte keine Bedeutung haben oder gar „falsch" sind, sondern nur, daß ich in diesem Buch die Dynamik dieser sieben Aspekte beschreiben will.

Diese sieben Aspekte sind:

$0°$ = Konjunktion
$30°$ = Halbsextil
$60°$ = Sextil
$90°$ = Quadrat
$120°$ = Trigon
$150°$ = Quincunx
$180°$ = Opposition

2. Das Horoskop als Schauspiel

Man kann ein Horoskop wie ein Schauspiel betrachten:

Der Vorhang ist noch geschlossen und man weiß noch nicht, welches Stück heute gespielt wird.

Der Vorhang öffnet sich – das Kind wird geboren. Das erste, was man sieht, ist das Bühnenbild, das dem Aszendenten entspricht. Er beschreibt, wie der Betreffende die Welt sieht, sie strukturiert und beschreibt, was für ihn Bedeutung hat, wonach erstrebt, wie er handelt usw.

Dann erscheinen die Schauspieler – die Planeten. Es sind immer die gleichen 10 Planeten: Mond das Kind, Merkur der Schüler, Venus die Jugendliche, Sonne der König, Mars der Krieger, Jupiter der Manager, Saturn der Bewahrer, Uranus der Erfinder, Neptun der Künstler und Pluto der Zauberer.

Nun braucht jeder Schauspieler eine Rolle, d.h. eine bestimmte Verhaltensweise, die er in dem gesamten Stück beibehält. Das ist das Tierkreiszeichen, in dem er steht.

Auch die Rollen, die an die Planeten verteilt werden, sind immer dieselben: Widder der Spontane, Stier der Genießer, Zwilling der Neugierige, Krebs der Empfindsame, Löwe der Egozentriker, Jungfrau der Handwerker, Waage der Schöngeist, Skorpion der Ekstatiker, Schütze der Idealist, Steinbock der Beständige, Wassermann der Professor, und Fisch der Weltverbundene.

Jetzt gibt es schon 10 Schauspieler mit einer Rolle und dazu das Bühnenbild. Das Ganze wird noch konkreter, wenn jeder Schauspieler einen Platz auf der Bühne, also einen Lebensbereich zugewiesen bekommt, in dem er sein Leben lang tätig ist. Auch hier gibt es zwölf Möglichkeiten – sie haben kurzgefaßt den folgenden Charakter: Das Hier und Jetzt des 1. Hauses, der Besitz des 2. Hauses, die Begegnungen des 3. Hauses, die Heimat des 4. Hauses, die Bühne des 5. Hauses, die Werkstatt des 6. Hauses, das Wohnzimmer des 7. Hauses, der Therapieraum des 8. Hauses, der Aussichtsturm des 9. Hauses, das Büro des 10. Hauses, das Vereinslokal des 11. Hauses und schließlich noch die Straßen in der Stadt des 12. Hauses.

Das, was nun noch fehlt, ist das Drehbuch. Das Drehbuch läßt sich auf die Gesamtheit der Verhältnisse der Schauspieler untereinander reduzieren: Wer ist wessen Freund? Wer hat ständig Ärger mit wem? Welche beiden treffen sich nie? Diese Verhältnisse werden durch die Aspekte beschrieben.

Bei jedem Schauspiel gibt es auch einen Regisseur. Er ist für das Niveau der Aufführung zuständig. Er steht zugleich innerhalb des Horoskops und außerhalb des Horoskops: der freie, bewußte Wille, die wache, souveräne Entscheidung, die die Schauspieler lenkt.
Nicht der einfachste Teil des Schauspiels …

Und was macht der Regisseur, wenn er nicht mehr weiter weiß? Er ruft den Drehbuchautor an und fragt ihn, was er mit dem, was er da geschrieben hat, eigentlich will – das ist die Seele, die dieses Schauspiel entworfen und sich für genau dieses Leben entschieden hat.
Es ist daher förderlich, wenn der Regisseur ein wenig meditieren kann …

3.   Die sieben Hauptaspekte

In diesem Kapitel werden die sieben Aspekte, die ein Vielfaches von 30° groß sind, kurz beschrieben, um einen ersten Überblick zu geben.

3. a)   Konjunktion

Eine Konjunktion ist wie eine Ehe: Beide Planeten stehen stets beieinander, haben denselben Stil (Tierkreiszeichen), interessieren sich für dieselben Dinge (gleiches Haus) und haben dieselben Verhältnisse zu anderen Menschen (Aspekte zu anderen Planeten).

Die Planeten einer Konjunktion kann man oft gar nicht unterscheiden, denn wenn alle Karos in der eigenen Welt orange sind und alles, was orange ist, auch die Form eines Karos hat, gibt es nur orange Karos – wie sollte man da „orange" von „Karo" unterscheiden können?

Das Zusammenwirken der beiden Planeten in einer Konjunktion ist für den Betreffenden so selbstverständlich, daß es vorkommen kann, daß der Betreffende Mühe hat, das Verhalten eines anderen zu verstehen, bei dem diese beiden Planeten nicht in einer Konjunktion stehen.

3. b)   Trigon

Ein Trigon ist wie eine Freundschaft: Man macht nicht alles zusammen (die Planeten stehen an verschiedenen Stellen im Horoskop) und man hat auch einen verschieden Charakter (verschiedene Tierkreiszeichen) und verschiedene Interessen (anderes Haus), aber die Charaktere sind ähnlich (dasselbe Element bei den Tierkeiszeichen) und auch die Interessen ergänzen sich (Häuser mit ähnlichem Charakter).

Man kann Freunde im Gegensatz zu dem Ehepaar unterscheiden, aber die Planeten-Freunde halten trotzdem stets zusammen.

3. c)   Sextil

Dieser Aspekt ist eine lose Bekanntschaft – man macht mal was alleine und mal etwas zusammen … und man hat die Telefonnummer des jeweils anderen, damit man ihn bei Bedarf anrufen kann. Und der andere ist auch immer erreichbar.

Die beiden Planeten stehen nicht wie die bei der Freundschaft (Trigon) in Tierkreiszeichen mit demselben Element, sondern in Tierkreiszeichen mit verwandten Elementen, also entweder in Feuer und Luft oder in Wasser und Erde.

3. d)   Quadrat

Ein Quadrat hat einen ganz anderen Charakter und trennt zwei Planeten – jeder macht sein eigenes Ding und läßt den anderen in Ruhe. Beide wissen, wofür sie zuständig sind – und im Idealfall wissen sie auch, in welche Dinge sie sich besser nicht einmischen sollten.

Das ist oft ein wenig gewöhnungsbedürftig, da im allgemeinen das Bild vorherrscht, daß die Psyche ein einheitliches, fast punktförmiges Ding ist, in dem sich daher auch alles auf einen einzigen Punkt ausrichten läßt – so nach dem Motte: „Nun denk doch mal nach, was Du willst, und dann entscheide Dich! Und dann tu, wofür Du Dich entschieden hast. Dann wird alles gut!"

Das Quadrat ist da allerdings anderer Meinung und findet, daß die Psyche mindestens so viele Teile hat wie Planeten, die ein Quadrat haben.

Ein Quadrat braucht Freiheit …

3. e)   Opposition

Dieser Aspekt ist ein Ergänzungs-Gegensatz – zwei entgegengesetzte Dinge, die sich aber brauchen, und zwischen denen man ständig abwechseln muß: einatmen und ausatmen, wachen und schlafen, essen und ausscheiden, sich neugierig die Möglichkeiten anschauen und ein Ziel anstreben …

Auch hier wird Wachheit gebraucht, um zu erkennen, welcher Pol gerade gebraucht wird. Die Weisheit liegt bei der Opposition im Finden des richtigen Rhythmus des Wechsels zwischen den beiden Polen.

Die Opposition tanzt den ständigen Wandel …

3. f) Quincunx

Das Quincunx schaut stets, was gerade da ist und was man damit am besten macht. Daher sind die Tätigkeiten des Quincunx nicht planbar, sondern orientieren sich an dem Geschehen in der Welt. Sie sind daher auch nie fertig, nie zu ende, nie abgeschlossen ...

Bekannte Quincunx-Tätigkeiten sind Zähneputzen, Geschirrspülen, Staubsaugen, Instandhaltung, Hausmeisterdienste, Windelwechseln, Altenpflege, Müllabfuhr ...

Alle diese mehr oder weniger sozialen Tätigkeiten haben gemeinsam, daß sie den Tätigen mit der Welt verbinden. Daher gibt es in Gesellschaften, in denen die sozialen, pflegerischen Tätigkeiten ein hohes Ansehen genießen, keine Einsamkeit. In den „Quincunx-feindlichen" Gesellschaften ist Einsamkeit hingegen eines der größten Probleme.

Das Quincunx ist Welt-Liebe ...

3. g) Halbsextil

Das Halbsextil ist der Entwicklungsschritt. Man begegnet jemandem, den man kaum kennt, erhält eine Information oder Anregung von ihm und ändert seinen Weg.

Das läßt sich nicht planen, aber es läßt sich nutzen, wenn es geschieht. Dazu braucht man Wachheit und die Bereitschaft, das Neue zu sehen, zu begrüßen, anzuschauen, zu verstehen und dann bei Bedarf auch zu nutzen.

4. Expansion und Integration

Man kann diese sieben Aspekte in zwei Gruppen einteilen: die expandierenden Aspekte und die integrierenden Aspekte.

Im allgemeinen gibt es keine Probleme mit den vier integrierenden Aspekten, sondern nur mit den drei expandierenden Aspekten. Dies liegt daran, daß die Qualitäten der drei expandieren Aspekte in unserer Kultur nicht so gut in dem Menschenbild und in dem Weltbild verankert sind.

Der Tierkreis, in dem sich die Aspekte befinden, ist der Kreis, in dem sich die Planeten bewegen – und eine Kreisbewegung entsteht durch zwei Kräfte: eine Bewegung geradeaus und eine zweite Bewegung, die das, was sich bewegt, zur Mitte des Kreises zieht.

Die Bewegung zur Kreismitte hin (Gravitation der Sonne) hat eine integrierende Wirkung – die geradeaus-Bewegung der Planeten (ihr „Schwung") hat eine expandierende Wirkung.

4. a) Integration

Die „Ehe" der Konjunktion zieht die Beteiligten zu demselben Punkt; die „Freundschaft" des Trigons hält die Beteiligten auf demselben Weg; die „Bekanntschaft" des Sextils hält die Beteiligten in derselben Gemeinschaft; und die „anregenden Begegnungen" des Halbsextils geben den Beteiligten dieselbe Richtung.

Diese Aspekte schaffen Kontakt, verbinden und ziehen zusammen, sodaß sie integrierend wirken.

4. b) Expansion

Die Trennung des Quadrates schafft Unabhängigkeit und Eigenständigkeit; der Wechsel der Opposition schafft rhythmische Bewegung; und der ständige Wandel des Quincunxes läßt die Dinge immer wieder neu aussehen.

Diese Aspekte schaffen Unterschiede, Entfaltung, Vielfalt und spannen dadurch einen Raum auf.

5. Aspekte und Tierkreis

Es gibt eine enge Verwandtschaft zwischen den Aspekten und den Tierkreiszeichen, die helfen kann, mithilfe der im allgemeinen gut bekannten Tierkreiszeichen auch die Aspekte besser zu verstehen.

Die Konjunktion ist da, wo sie ist – sie entspricht offensichtlich dem Hier und Jetzt des Widders. Sie ist sozusagen punktförmig.

Das Halbsextil bewegt sich von der Konjunktion aus gesehen einen Schritt von 30° weiter. Damit gelangt das Halbsextil zum Stier. Der Stier sammelt das Angenehme und baut darum herum einen schützenden Gartenzaun. Das ist auch das, was das Halbsextil macht: Man schaut, was paßt, was bereichert, was man haben will und fügt dies dann dem Eigenen hinzu.

Das Sextil gelangt vom Widder bis zum Zwilling. Der Zwilling ist neugierig, kontaktfreudig und wendig – das Sextil kann genausogut Neues auf spielerische Weise lose und unverbindlich zu interessanten Dingen kombinieren wie das Sextil.

Das Quadrat gelangt vom Widder aus wieder einen Schritt weiter bis hin zum Krebs. Der Krebs trennt Innen und Außen und behütet das Innere vor dem Außen. Diese schützende Trennwand ist das Quadrat.

Das Trigon führt zum Löwen. Dieser Aspekt verbindet alle Teile organisch zu einem zentrierten Ganzen – in dessen Mitte das strahlende Ich des Löwen steht.

Das Quincunx gelangt bis zur Jungfrau, die sorgfältig alles untersucht und repariert und heilt und die durch Kleinigkeiten erfreut wird, aber auch durch Kleinigkeiten irritiert werden kann. Dieses ständige Schauen nach allen Details und der Suche nach dem Platz, an den sie gehören, und nach der richtigen Behandlung dieser Dinge entspricht dem Wesen des Quincunx.

Die Opposition erreicht das Tierkreiszeichen Waage, das dem Widder genau gegenübersteht. Der Widder tut in jedem Augenblick genau das, was er will – und die Waage schaut ständig nach den anderen und versucht Paare zu bilden, Harmonie zu erschaffen und dadurch, daß sie alle Dinge in der passenden Weise arrangiert, Schönheit in die Welt zu bringen.

Der Anfang war die Konjunktion des Widders. Darauf folgte eine schrittweise Entfaltung von innen her: das Genießen des Halbsextils im Stier, das Kennenlernen durch das Sextil im Zwilling, die Verinnerlichung durch das Quadrat im Krebs, die

Verbundenheit des Trigons im Löwen und die Sorgfalt des Quincunxes in der Jungfrau. Schließlich wird das Gegenüber der Opposition in der Waage gesucht.

Nun geht der Tierkreis noch weiter – mit anderen Qualitäten. Der Anfang war das Hier und Jetzt des Widders. Die fünf Zeichen von Stier bis Jungfrau waren „innerliche Qualitäten", eine Entwicklung von innen her nach außen hin. Dann kam noch das Gegenüber der Waage.

Darauf folgt nun der Blick nach außen, eine Entwicklung von außen her nach innen hin, eine Auseinandersetzung mit der Welt, wodurch die fünf Aspekte vom Quincunx im Skorpion bis hin zum Halbsextil in den Fischen noch eine zweite Seite erhalten.

Das Quincunx reicht vom Skorpion bis hin zum Widder. Hier ist es die Spannung zwischen Ich und Welt sowie die ständige Verwandlung, die dem Quincunx entspricht.

Das Quincunx sucht also nicht nur nach der Ordnung der Jungfrau, sondern auch nach dem intensiven Erleben des Skorpions.

Das Trigon erreicht vom Schütze aus den Widder. Hier ist es die Ausrichtung der ganzen eigenen Kraft auf ein Ziel hin, das dem Trigon entspricht.

Das Trigon kann also nicht nur wie beim Löwen Teile zu einem organischen Ganzen zusammenfassen, sondern auch wie beim Schützen die Teile eines organischen Ganzen auf ein Ziel hin ausrichten.

Das Quadrat erreicht vom Steinbock aus den Widder. Hier ist es die Ausrichtung auf das Außen und das Zurückstellen des Innen, das dem Quadrat entspricht.

Das Quadrat kann also nicht nur wie beim Krebs das Innen vor dem Außen schützen, sondern auch wie beim Steinbock das Außen vor dem Innen schützen.

Das Sextil erreicht vom Wassermann aus den Widder. Hier ist es die Verbindung aller Dinge zu einer großen Utopie, die dem Sextil entspricht.

Das Sextil kann also nicht nur wie beim Zwilling mit der Schar der interessanten Dinge spielen, sondern diese Schar auch wie beim Wassermann zu einer großen Gemeinschaft mit einer gemeinsamen Ausrichtung zusammenfassen.

Das Halbsextil erreicht von den Fischen aus den Widder. Hier ist es der feinfühlige Kontakt zu allen Dingen, der dem Halbsextil entspricht.

Das Halbsextil kann also nicht nur wie beim Stier das Angenehme sammeln, sondern auch wie bei den Fischen alle Umstände für die eigene Bewegung nutzen.

Diese zwölf Tierkreis-Entsprechungen zu den sieben Aspekten lassen sich in einer Übersicht leichter erfassen:

Aspekt und Tierkreiszeichen					
außen		*Aspekt*	*innen*		
Tierkreis-zeichen	*Qualität des Aspekts*		*Qualität des Aspekts*	*Tierkreis-zeichen*	
Waage	Harmonie	Opposition			
Skorpion	Spannung	Quincunx	Ordnung	Jungfrau	
Schütze	Zielgerichtetheit	Trigon	Zentrierung	Löwe	
Steinbock	Innen-Abtrennung	Quadrat	Außen-Abtrennung	Krebs	
Wassermann	Verbinden	Sextil	Spielen	Zwillinge	
Fische	Sich-tragen-lassen	Halbsextil	Genießen	Stier	
		Konjunktion	Hier und Jetzt	Widder	

6. Aspekte und Häuser

Die gleiche Betrachtung läßt sich auch mit den Aspekten und den Häusern anstellen. Während die Tierkreiszeichen jedoch immer genau 30° groß sind und die Aspekte daher immer genau mit den Tierkreiszeichen übereinstimmen, können die Häuser sehr verschieden groß sein – von weniger als 15° bis mehr als 60°.

Trotzdem läßt sich diegleiche Betrachtung auch mit den Häusern anstellen, wenn man einmal so tut, als ob alle Häuser genau 30° wären. Das ist durchaus sinnvoll, da es hier ja nur darum geht, den Charakter der Aspekte besser zu verstehen – und dazu kann diese Betrachtung ein wenig beitragen.

Die unten angeführten Orte, die den Häusern entsprechen, sind nur jeweils ein einzelnes Beispiel von vielen möglichen Beispielen, das den Charakter des betreffenden Hauses etwas greifbarer machen soll.

Das 1. Haus ist entsprechend der punktförmigen Qualität der Konjunktion stets im Hier und jetzt – darin unterscheidet es sich nicht vom Widder. Bei dem 1. Haus ist nur der Ort stärker betont – das Hier.

Das 2. Haus ist entsprechend der anregenden Qualität des Halbsextils der Ort, an dem man das ansammelt, was man genießen kann: die Wohnung

Das 3. Haus ist entsprechend der kontaktfreudigen Qualität des Sextils der Ort, an dem man Neues kennenlernt: der Spielplatz.

Das 4. Haus ist entsprechend der trennenden Qualität des Quadrates der innere Ort, der vor dem Außen geschützt wird: das Schlafzimmer.

Das 5. Haus ist entsprechend der vereinenden Qualität des Trigons der Ort der Mitte und des strahlenden Selbstausdrucks: der Thronsaal.

Das 6. Haus ist entsprechend der sorgsamen Qualität des Quincunxes der Ort der Heilung, der Reparatur und der emsigen Tätigkeit: die Werkstatt.

Das 7. Haus ist entsprechend der harmonisierenden Qualität der Opposition der Ort der Begegnung von ich und Du: das Wohnzimmer.

Das 8. Haus ist entsprechend der steigernden Qualität des Quincunxes der Ort der intensiven Erlebnisse: der Therapieraum.

Das 9. Haus ist entsprechend der bündelnden Qualität des Trigons der Ort des Aufbruchs zu großen Zielen: der Aussichtsturm.

Das 10. Haus ist entsprechend der trennenden Qualität des Quadrates der äußere Ort, der vor dem Innen geschützt wird: das Büro.

Das 11. Haus ist entsprechend der koordinierenden Qualität des Sextils der Ort der Wahlverwandten und der Gesinnungsgenossen: das Vereinslokal.

Das 12. Haus ist entsprechend der anregenden Qualität des Halbsextils der Ort, an dem man der ganzen Welt begegnet und sich von ihr zu dem eigenen Ziel tragen läßt: die Straßen der Stadt.

Aspekt und Häuser				
außen		*Aspekt*	*innen*	
Haus	*Qualität des Aspektes*		*Qualität des Aspekts*	*Haus*
7. Haus: Wohnzimmer	Harmonie	Opposition		
8. Haus: Therapieraum	Spannung	Quincunx	Ordnung	6. Haus: Werkstatt
9. Haus: Aussichtsturm	Zielgerichtetheit	Trigon	Zentrierung	5. Haus: Thronsaal
10. Haus: Büro	Innen-Abtrennung	Quadrat	Außen-Abtrennung	4. Haus: Schlafzimmer
11. Haus: Vereinslokal	Verbinden	Sextil	Spielen	3. Haus: Spielplatz
12. Haus: Straße	Sich-tragen-lassen	Halbsextil	Genießen	2. Haus: Wohnung
		Konjunktion	Hier und Jetzt	1. Haus: Hier und Jetzt

7. Aspekte im Tierkreis

Als nächstes kann man nun betrachten, welche Tierkreiszeichen durch die sieben Aspekte miteinander verbunden werden können – wobei es große Unterschiede gibt.

In diesem Kapitel wird nur der „Normalfall" betrachtet und nicht die Ausnahmen – so können zwei Planeten auch in zwei aneinanderstoßenden Tierkreiszeichen stehen und eine Konjunktion haben (z.B. bei 29° Löwe und 1° Jungfrau was dann eine 2°-genaue Konjunktion ist), aber im Folgenden werden nur die Konjunktionen betrachtet, bei denen die Planeten in demselben Tierkreiszeichen stehen – durch diese „Betrachtung ohne Sonderfälle" kann dem Verständnis für den Charakter der Aspekte eine weitere Nuance beigefügt werden.

Dieselbe Beschränkung auf den „Normalfall" gilt natürlich nicht nur für die Konjunktion, sondern auch für die Betrachtungen der anderen sechs Aspekte.

Im Folgenden werden die verschiedenen Aspekt-Verhältnisse der Tierkreiszeichen zueinander beschrieben, um die Qualität der Aspekte deutlicher zu machen. In einem Horoskop geht es natürlich nicht darum, daß z.B. der Löwe ein Trigon zum Widder hat, sondern z.B. darum, daß die Sonne im Löwen ein Trigon zu dem Mars im Widder hat.

7. a) Konjunktion

Die Konjunktion ist sehr einfach – die beiden Planeten stehen immer in demselben Tierkreiszeichen und haben somit denselben Stil und dieselbe Dynamik. Bei bei einer Konjunktion stehen beide Planeten im Widder oder beide im Stier oder beide im Zwilling usw.

7. b) Opposition

Ähnlich einfach, aber schon etwas vielfältiger ist es bei der Opposition. Hier stehen zwei Planeten immer gegenüber, also in entgegengesetzten Tierkreiszeichen.

Sie sind allesamt Ergänzungs-Gegensätze:

Der Widder ist auf den Augenblick ausgerichtet – die Waage auf den Umraum.

Sowohl der Widder als auch die Waage sind erschaffende („kardinale")

Zeichen – sie sind zwei Pole der Schöpfung.

Der Widder ist ein tatkräftiges Feuerzeichen – die Waage ist ein denkendes Luftzeichen. Beides sind verwandte Elemente.

Die Opposition wechselt hier zwischen Eigennutz (Widder) und Du-Kontakt (Waage). Beides sind die notwendige Pole eines Rhythmus.

Der Stier ist auf die Nahrungsaufnahme ausgerichtet – der ihm gegenüberstehende Skorpion auf die Nahrungsausscheidung.

Sowohl der Stier als auch der Skorpion sind zentrierende („fixe") Zeichen – sie sind zwei Pole des Aufbaus.

Der Stier ist ein bodenständiges Erdzeichen – der Skorpion ist ein emotionales Wasserzeichen. Beides sind verwandte Elemente.

Die Opposition wechselt hier zwischen Aufnahme des Erwünschten und Abtrennung des Unerwünschten. Auch hier sind die beiden Seiten die notwendigen Pole eines Rhythmus – das gilt auch für die noch folgenden Oppositionen.

Der Zwilling ist auf die Orientierung in der Vielfalt ausgerichtet – der Schütze auf das höchste Ziel.

Sowohl der Zwilling als auch der Schütze sind ausgestaltende („bewegliche") Zeichen – sie sind zwei Pole der Gestaltung.

Der Zwilling ist ein denkendes Luftzeichen – der Schütze ist ein tatkräftiges Feuerzeichen. Beides sind verwandte Elemente.

Die Opposition wechselt hier zwischen Orientierung und Ausrichtung. beides ist notwendig, um an ein sinnvolles Ziel zu gelangen: Ohne klare Orientierung strebt man das falsche Ziel an und ohne Streben weiß man zwar, wo man hin will, aber kommt dort nicht an.

Der Krebs ist auf das Innen ausgerichtet – der Steinbock auf das Außen.

Sowohl der Krebs als auch der Steinbock sind erschaffende („kardinale") Zeichen – sie sind zwei Pole der Schöpfung.

Der Krebs ist ein emotionales Wasserzeichen – der Steinbock ist ein bodenständiges Erdzeichen. Beides sind verwandte Elemente.

Die Opposition wechselt hier zwischen Innen und Außen – beides ist Teil des Lebens.

Der Löwe ist auf auf das Besondere an sich selber ausgerichtet – der Wassermann auf das Allgemeingültige in allem.

Sowohl der Löwe als auch der Wassermann sind zentrierende („fixe") Zeichen – sie sind zwei Pole des Aufbaus.

Der Löwe ist ein tatkräftiges Feuerzeichen – der Wassermann ist ein denkendes Luftzeichen. Beides sind verwandte Elemente.

Die Opposition wechselt hier zwischen Egozentrik und Weltformel. Eine sinnvolle Haltung entsteht, wenn man sich selber als eine besondere Ausformung eines allgemeingültigen Prinzips erkennen und erleben kann.

Die Jungfrau ist auf das kleine Detail ausgerichtet – der Fisch auf das große Ganze.

Sowohl die Jungfrau als auch die Fische sind ausgestaltende („bewegliche") Zeichen – sie sind zwei Pole der Gestaltung.

Die Jungfrau ist ein bodenständiges Erdzeichen – die Fische sind ein emotionales Wasserzeichen. Beides sind verwandte Elemente.

Die Opposition wechselt hier zwischen Mikroskop und Fernrohr – durch beide sieht man verschiedene wesentliche Aspekte der Welt … Atome und Sterne.

7. c) Trigon

Ein Trigon verbindet immer zwei Tierkreiszeichen mit demselben Element – zwei Feuerzeichen oder zwei Luftzeichen oder zwei Wasserzeichen oder zwei Erdzeichen. Diese beiden Tierkreiszeichen haben eine verschiedene Dynamik, da es von jedem Element je drei Zeichen gibt, die in den drei Dynamiken stehen: erschaffend, zentrierend und ausgestalten.

In dem Freundschafts-Aspekt eines Trigons stehen die beiden Planeten in Tierkreiszeichen, die zu demselben Element gehören, aber haben eine verschiedene Dynamik haben. Das bedeutet, daß sie beide etwas tun wollen (Feuer), beide etwas verstehen wollen (Luft), beide etwas fühlen wollen (Wasser) oder beide etwas haben wollen (Erde), aber dabei eine verschiedene Funktion übernehmen:

- der eine erschafft etwas und der andere zentriert es,
- der eine zentriert etwas, und der andere gestaltet es aus, oder
- der eine gestaltet etwas aus und der andere ergänzt es durch etwas Neuerschaffenes.

Die perfekte Arbeitsteilung …

In dem Trigon zwischen Widder und Löwe setzt der Widder einen Impuls und der Löwe erschafft daraus ein organisches Ganzes – wodurch der Löwe den Impulsen des Widders wiederum einen Rahmen gibt, innerhalb derer die

Widder-Impulse ein sinnvoller Teil eines Ganzen werden können.

In dem Trigon zwischen Stier und Jungfrau sammelt der Stier die genußversprechenden Dinge und die Jungfrau verfeinert sie noch ein wenig – und gibt dem Stier dadurch Anregungen für einen noch weiter gesteigerten Genuß.

In dem Trigon zwischen Zwilling und Waage sieht der Zwilling immer wieder neue Möglichkeiten, die die Waage in ein harmonisches Ganzes einfügt – das wiederum den Zwilling zu der Suche nach Möglichkeiten, mit diesem harmonischen Gefüge zu spielen, anregt.

In dem Trigon zwischen Krebs und Skorpion erschafft der Krebs Bindungen und Gefühle, die der Skorpion dann steigert und verwandelt – und dadurch dem Krebs neue emotionale Möglichkeiten eröffnet.

In dem Trigon zwischen Löwe und Schütze drückt der Löwe das eigene Wesen aus, was den Schützen dazu anregt, daraus etwas noch Größeres zu erschaffen, was auch die Allgemeinheit fördert – was es wiederum dem Löwen ermöglicht, sich selber in einen größeren Rahmen zu stellen.

In dem Trigon zwischen Jungfrau und Steinbock sieht die Jungfrau geschickte Möglichkeiten, die von dem Steinbock systematisch ausgenutzt werden – was wiederum der Jungfrau eine erweiterte Grundlage gibt, auf der sie neue Möglichkeiten erforschen kann.

In dem Trigon zwischen Waage und Wassermann schafft die Waage neue harmonische Verbindungen, die von dem Wassermann in seine Gemeinschaft von Gleichgesinnten eingefügt werden – was der Waage wiederum die Möglichkeit gibt, eine umfassendere Harmonie zu finden.

In dem Trigon zwischen Skorpion und Fisch eröffnet der Skorpion intensivere Möglichkeiten zu fühlen, was dem Fisch die in der Welt wirkenden Kräfte deutlicher macht, sodaß er sie besser nutzen kann – was dem Skorpion wiederum hilft, noch intensivere Erlebnisse zu finden.

In dem Trigon zwischen Schütze und Widder strebt der Schütze nach dem bestmöglichen Zustand, was es dem Widder ermöglicht, spontan effektivere Dinge zu tun – was wiederum dem Schützen mehr Kraft für seine Ziele gibt.

In dem Trigon zwischen Steinbock und Stier baut der Steinbock ein festes Fundament, was es dem Stier ermöglicht, sein Lagerhaus der guten Dinge solider zu erreichten – was dem Steinbock wiederum einen größeren Vorrat an Kraft und Substanzen für seine Arbeit gibt.

In dem Trigon zwischen Wassermann und Zwilling formuliert der Wassermann ein neues Weltbild und gründet mit Gleichgesinnten eine Gemeinschaft, die seine Utopie anstrebt, was dem Zwilling reichlich Gelegenheit gibt, Neues zu erleben – was dem Wassermann wiederum neue Möglichkeiten erschließt, durch die er zu einer noch allgemeingültigeren Version seiner Utopie gelangt.

In dem Trigon zwischen Fische und Krebs spürt der Fisch alles, was gerade vor sich geht, was es dem Krebs ermöglicht, seinen eigenen, inneren Bereich zu schützen und ihn gedeihen zu lassen – was den Fischen den sicheren Hafen gibt, von dem aus sie in das Meer des Lebens hinausfahren können.

7. d) Sextil

Die Sextile sind den Trigonen recht ähnlich, aber sie sind nicht in einem solchen „organischen Fluß" wie dies beim Trigon der Fall ist. Stattdessen bereichern sie sich von einem anderen Blickwinkel aus – sie gehören nicht zu zwei gleichen, sondern stets zu zwei verwandten Elementen, also entweder Feuer und Luft oder Wasser und Erde. Die Dynamiken sind bei ihnen stets verschieden. Das Sextil gibt daher Anregung und Unterstützung.

In dem Sextil zwischen Widder und Zwilling hat der Widder ständig neue Impulse, die der Zwilling dann neugierig erforschen kann – und die Entdeckungen des Zwillings ermöglichen dem Widder dann wieder neue Impulse.

In dem Sextil zwischen Stier und Krebs schafft der Stier ein Haus, das dem Krebs den Rahmen für seine Heimat bietet – und das der Krebs für den Stier mit Leben erfüllt.

In dem Sextil zwischen Zwilling und Löwe spielt der Zwilling mit neuen Möglichkeiten, die dem Löwen neue Wege des Selbstausdrucks zeigen – wodurch der Löwe dem Zwilling Mut gibt, noch mehr auszuprobieren.

In dem Sextil zwischen Krebs und Jungfrau schafft der Krebs eine Familie, für deren Wohlergehen die Jungfrau dann sorgt – wodurch die Jungfrau dem Krebs das Vertrauen gibt, daß seine Familie gedeihen kann.

In dem Sextil zwischen Löwe und Waage stellt der Löwe sich selbstbewußt hin, wodurch die Waage einen festen Stand in ihren Begegnungen hat – was es dem Löwen wiederum ermöglicht, in den Begegnungen noch mehr zu strahlen.

In dem Sextil zwischen Jungfrau und Skorpion erforscht, ordnet und heilt die Jungfrau die Details und der Skorpion kann diese Sachkenntnis nutzen, um zu noch größerer Erlebnis-Intensität zu finden – wodurch die erlebten Dinge noch klarer werden, sodaß die Jungfrau sie noch besser erforschen und nutzen kann.

In dem Sextil zwischen Waage und Schütze schafft die Waage neue Verbindungen, die dem Schützen bei dem Anstreben seiner Ziele neue Verbündete bringen – was der Waage wiederum ermöglicht, ihre Begegnungen mit einer größeren Bedeutung zu füllen.

In dem Sextil zwischen Skorpion und Steinbock erkennt der Skorpion die Kräfte, die die Welt bewegen, was es dem Steinbock ermöglicht, seine Fundamente auf den haltbarsten Felsen zu gründen – was dem Skorpion wiederum Rückhalt bei seiner Suche nach immer größerer Intensität gibt.

In dem Sextil zwischen Schütze und Wassermann strebt der Schütze stets nach dem derzeit erreichbaren Optimum, was es dem Wassermann ermöglicht, die größtmöglichen Utopien für die fernere Zukunft zu formulieren – wodurch der Schütze wiederum seine Ideale in einen größeren Rahmen stellen und ihnen dadurch eine noch größere Überzeugungskraft geben kann.

In dem Sextil zwischen Steinbock und Fisch entwickelt der Steinbock einen soliden Realismus, der dem Fisch ein gutes Urteilsvermögen bei seinem Schweben durch das Leben gibt – was dem Steinbock wiederum eine immer bessere und realitätsnähere Kenntnis der Welt schenkt.

In dem Sextil zwischen Wassermann und Widder erforscht der Wassermann die Welt und formuliert die ultimative Utopie, was es dem Widder ermöglicht, die lohnendsten Taten zu erkennen – wodurch der Wassermann einen effektiven Helfer bei der Verwirklichung seiner Utopien erhält.

In dem Sextil zwischen Fisch und Stier erlebt der Fisch die ganze Welt, was es dem Stier ermöglicht, immer neue Genüsse zu finden – und der Stier seinerseits dem Fisch ein Gefäß gibt, in dem der Fisch alles Gute, was er gefunden hat, aufbewahrt.

7. e) Quadrat

Das Quadrat trennt zwei Stile voneinander – also zwei Tierkreiszeichen bzw. die beiden Planeten in diesen Tierkreiszeichen.

Beide Tierkreiszeichen haben unterschiedliche Elemente, die auch nicht verwandt sind – auf der einen Seite Feuer oder Luft und auf der anderen Seite Wasser oder Erde. Beide wollen also auf eine Weise tätig sein, die sich nicht kombinieren läßt – Handeln/Denken gegen Fühlen/Genießen.

Sie haben jedoch dieselbe Dynamik, sie sind also beide erschaffend oder beide zentrierend oder beide ausgestaltend. Sie wollen folglich denselben Entwicklungsschritt umsetzen, aber eben auf verschiedene Weise – durch Handeln/Denken oder durch Fühlen/Genießen. Das führt zu der Trennung, die die wesentliche Qualität des Quadrates ist.

In dem Quadrat zwischen Widder und Krebs wechselt sich das spontane Handeln des Widders mit dem innigen Fühlen des Krebses ab.

Die Aktivität der beiden sollte wie bei allen Quadraten am besten der jeweiligen Situation angemessen sein. Dabei hilft die Frage, zu welchem Haus und zu welchem Planeten in diesem Haus das anstehende Thema gehört.

In dem Quadrat zwischen Stier und Löwe wechselt sich das genießende Sammeln des Stieres mit der strahlenden Selbstdarstellung des Löwen ab.

In dem Quadrat zwischen Zwilling und Jungfrau wechselt sich die muntere Neugier des Zwillings mit dem sorgfältigen Ordnen der Jungfrau ab.

In dem Quadrat zwischen Krebs und Waage wechselt sich das innige Fühlen des Krebses mit den harmonischen Freundschaften der Waage ab.

In dem Quadrat zwischen Löwe und Skorpion wechselt sich die strahlende Selbstdarstellung des Löwen mit der sich steigernden Intensität des Skorpions ab.

In dem Quadrat zwischen Jungfrau und Schütze wechselt sich das sorgfältige Ordnen der Jungfrau mit dem zielgerichteten Streben des Schützen ab.

In dem Quadrat zwischen Waage und Steinbock wechseln sich die harmonischen Freundschaften der Waage mit dem sachlichen Alltags-Realismus des Steinbocks ab.

In dem Quadrat zwischen Skorpion und Wassermann wechselt sich die sich steigernden Intensität des Skorpions mit der weltverbessernde Utopie des Wassermanns ab.

In dem Quadrat zwischen Schütze und Fisch wechselt sich das zielgerichtete Streben des Schützen mit dem schlafwandlerisch-sicheren Dahintreiben des Fisches ab.

In dem Quadrat zwischen Steinbock und Widder wechselt sich die sachliche Beständigkeit des Steinbocks mit dem spontanen Handeln des Widders ab.

In dem Quadrat zwischen Wassermann und Stier wechselt sich die weltverbessernde Utopie des Wassermanns mit dem genießenden Sammeln des Stieres ab.

In dem Quadrat zwischen Fisch und Zwilling wechselt sich das schlafwandlerisch-sichere Dahintreiben des Fisches mit der munteren Neugier des Zwillings ab.

7. f) Halbsextil

Das Halbsextil verbindet zwei aufeinanderfolgende Tierkeiszeichen. Da der Tierkreis eine Entwicklungsfolge darstellt, stellt das Halbsextil einen Entwicklungsschritt dar. Wie beim Quadrat wird hier zwischen den nichtverwandten Elementen Feuer/ Luft und Wasser/Erde gewechselt – die Entwicklung hin zum Neuen erfordert das Verlassen des Alten …

In dem Halbsextil zwischen Widder und Stier erschafft der Widder etwas, was der Stier dann nutzt – und wenn der Stier etwas braucht, kann er sich an die Tatkraft des Widders wenden.

In dem Halbsextil zwischen Stier und Zwilling ist der Stier das Heim, von dem aus der Zwilling zu seinen Erkundungen in die Welt aufbrechen kann – und wenn der Zwilling genug hat, kann er in das Heim des Stieres zurückkehren.

In dem Halbsextil zwischen Zwilling und Krebs spielt der Zwilling mit den vielen Möglichkeiten, was dem Krebs immer neue Möglichkeiten zeigt, wie er seine Familie gestalten kann – und wenn es in der Familie des Krebses mal nicht weitergeht, kann er den Zwilling nach neuen Möglichkeiten fragen.

In dem Halbsextil zwischen Krebs und Löwe erschafft der Krebs eine Familie, die dem Löwen bei seinem Selbstausdruck einen emotionalen Rückhalt gibt – und zu dem der Löwe in Krisenzeiten zurückkehren kann.

In dem Halbsextil zwischen Löwe und Jungfrau läßt der Löwe sich selber strahlen, was der Jungfrau in ihrem Forschen und Pflegen eine Richtung gibt – und wenn sie sich mal verzettelt hat, kann sie sich an das Herz des Löwen wenden, um wieder zu sehen, was sie eigentlich will.

In dem Halbsextil zwischen Jungfrau und Waage sorgt die Jungfrau für Erkenntnis, Ordnung und Heilung, was es der Waage ermöglicht, mit sicherer Sachkenntnis in ihre Begegnungen zu gehen – und wenn sie sich einmal unsicher wird, kann sie sich Rat von der Jungfrau holen.

In dem Halbsextil zwischen Waage und Skorpion sucht die Waage nach innigen Begegnungen, was dem Skorpion die Tore für intensive Erlebnisse öffnet – und wenn es dem Skorpion mal zu chaotisch wird, kann er bei der Waage wieder Harmonie finden.

In dem Halbsextil zwischen Skorpion und Schütze tanzt sich der Skorpion in eine immer intensivere Ekstase, wodurch der Schütze erkennen kann, was das lohnendste Ziel ist – und wodurch er bei Unklarheiten auf die Kenntnis der Grundkräfte in der Welt, über die der Skorpion verfügt, zurückgreifen kann.

In dem Halbsextil zwischen Schütze und Steinbock strebt der Schütze mit aller Kraft nach dem Besten, was der Steinbock dann nach dem Erreichen dieser Ziele in eine beständige Form bringt – und wenn der Steinbock sich unsicher ist, wie er seinen festen Turm bauen soll, kann er auf die Ideale des Schützen zurückgreifen.

In dem Halbsextil zwischen Steinbock und Wassermann baut der Steinbock ein sicheres, realitätsnahes Fundament, von dem ausgehend der Wassermann seine Utopien für die Zukunft formulieren kann – und wenn der Wassermann etwas nicht weiß, kann er den Steinbock danach fragen.

In dem Halbsextil zwischen Wassermann und Fisch erschafft der Wassermann seine Utopien und der Fisch trägt sie in den Alltag in der Welt hinaus – und wenn der Fisch mal nicht mehr weiß, wohin er eigentlich will, kann er den Wassermann danach fragen, was die Weltformel und seine eigene Stellung in der Welt ist.

In dem Halbsextil zwischen Fisch und Widder erlebt der Fisch halb träumend die gesamte Welt und der Widder erkennt die Gelegenheiten, in denen sich spontanes Handeln lohnt – und wenn der Widder nicht mehr weiß, was er eigentlich tun soll, kann er sich vertrauensvoll eine zeitlang in die Fluten des Fisches sinken lassen.

7. g) Quincunx

Das Quincunx verbindet wie das Quadrat und das Halbsextil zwei Tierkreiszeichen mit nicht-verwandten Elementen, also Feuer/Luft mit Wasser/Erde. Während die Konjunktion, Opposition, das Trigon und das Sextil (die alle verwandte Elemente haben) organische Vorgänge sind, sind Quadrat, Quincunx und Halbsextil drei verschiedene Formen der Verwandlung.

Es gibt im Tierkreis somit sechs „organische Aspekte" (zwischen Tierkreiszeichen mit verwandten Elementen) und sechs „anorganische Aspekte" (zwischen Tierkreiszeichen mit nicht-verwandten Elementen).

In dem Quincunx zwischen Widder und Jungfrau handelt der Widder spontan und anschließend räumt die Jungfrau auf – und die Jungfrau entdeckt Möglichkeiten, die der Widder dann spontan nutzt.

In dem Quincunx zwischen Stier und Waage schafft der Stier einen geschützten Rahmen für das Genußvolle und die Waage teilt das Genußvolle mit anderen – aber zeigt ihrerseits dem Stier auch neue Wege des Genießens.

In dem Quincunx zwischen Zwilling und Skorpion spielt der Zwilling mit neuen Möglichkeiten und der Skorpion lotet deren Tiefe aus – und eröffnet dadurch dem Zwilling neue Möglichkeiten des Spiels mit der Welt.

In dem Quincunx zwischen Krebs und Schütze erschafft der Krebs eine Familie, aus deren Geborgenheit heraus der Schütze nach seinen Zielen im Außen strebt – und die er durch das Erreichen seiner Ziele bereichert.

In dem Quincunx zwischen Löwe und Steinbock drückt der Löwe aus, wer er ist und der Steinbock zeigt ihm, wie er dieses Strahlen dauerhaft in der Realität umsetzen kann – während der Löwe dem Steinbock die Wärme und das Selbstbewußtsein gibt, das dieser für sein Erschaffen des soliden Fundamentes braucht.

In dem Quincunx zwischen Jungfrau und Wassermann sortiert und repariert die Jungfrau alle Dinge und lernt sie dabei gründlich kennen, sodaß die Utopien des Wassermanns, wenn sie auf der Sachkenntnis der Jungfrau aufgebaut sind, auch funktionieren können – während die Jungfrau durch den Wassermann neue Theorien und Formeln erhält, die ihr beim Ordnen und Heilen helfen.

In dem Quincunx zwischen Waage und Fisch erkennt die Waage Verbindungen, Zusammenhänge und Harmonien, die es dem Fisch ermöglichen, mit wenig Aufwand mit dem Wind zu segeln – während der Fisch neue Dinge spürte, zu denen die Waage dann Verbindung aufnimmt.

In dem Quincunx zwischen Skorpion und Widder erlebt der Skorpion die intensiven Tiefen des Lebens, die dem Widder zeigen, wo er was effektiv tun kann – während die spontanen Handlungen des Widders dem Skorpion neue Bereiche eröffnen.

In dem Quincunx zwischen Schütze und Stier strebt der Schütze hohe Ziele an, die dem Stier neue Genüsse eröffnen – während der Stier dafür sorgt, daß die vom Schützen erreichten Ziele auch gedeihen und Früchte tragen.

In dem Quincunx zwischen Steinbock und Zwilling schafft der Steinbock ein solides Fundament, das dem Zwilling sichere Schritte in dem von ihm erkundeten Neuland ermöglicht – während der Zwilling dadurch, das er so viele Möglichkeiten kennt, dem Steinbock Wege aus Sackgassen zeigen kann.

In dem Quincunx zwischen Wassermann und Krebs erkennt der Wassermann die Weltformel und kann dadurch dem Krebs helfen, die Folgen seines Handelns besser einzuschätzen – während der Krebs durch seinen innigen Kontakt mit allen Wesen dem Wassermann helfen kann, sich nicht in der Theorie zu verlieren, sondern den Kontakt zum Leben zu bewahren.

In dem Quincunx zwischen Fisch und Löwe spürt der Fisch das Fließen der Ereignisse, was es dem Löwen ermöglicht, auf eine Art zu strahlen, die auch andere bereichert – während der Löwe dem Fisch durch sein Vorbild hilft, sich auch selber im Fluß des Lebens als eigenständiges Wesen zu erleben.

8. Aspekte in den Häusern

Dieselben Betrachtungen wie zu den Aspekten zwischen den Tierkreiszeichen kann man auch zu den Aspekten zwischen den Häusern anstellen.

Da die Häuser jedoch nur selten wirklich 30° groß sind, führt z.B. ein Trigon nur manchmal wirklich vier Häuser weiter. Für die Betrachtung der Qualität der Aspekte ist dies jedoch nicht von Bedeutung, da es hier nur um das Verhältnis der Qualitäten der Häuser zueinander geht.

8. a) Konjunktion

Die Konjunktion verbindet zwei Planeten, die in demselben Haus stehen.

8. b) Opposition

Die Opposition verbindet zwei Planeten, die in gegenüberliegenden Häusern stehen – was wie bei der Konjunktion weitgehend unabhängig von der Größe der Häuser ist. Das Verhältnis der Gegensatz-Ergänzung der Opposition findet sich:

> - zwischen dem Hier und Jetzt des 1. Hauses und dem Wohnzimmer des 7. Haus;
> - zwischen der Heimat des 2. Haus und dem Therapiezentrum des 8. Hauses;
> - zwischen dem Spielplatz des 3. Haus und der Rednerkanzel des 9. Hauses;
> - zwischen dem Schlafzimmer des 4. Hauses und dem Büro des 10. Hauses;
> - zwischen der Bühne des 5. Hauses und dem Vereinslokal im 11. Haus;
> - zwischen der Werkstatt des 6. Hauses und der Straße des 12. Hauses.

Man kann z.B. nicht zugleich im Schlafzimmer und im Büro sein – zumindest kann es zu Komplikationen führen, wenn man im Büro schläft – ein regelmäßiger Wechsel zwischen beiden Orten ist im Vergleich dazu deutlich förderlicher …

8. c) Trigon

Das Verhältnis der organischen Verbindung des Trigons findet sich:

- zwischen dem Hier und Jetzt des 1. Hauses und der Bühne des 5. Hauses;
- zwischen der Heimat des 2. Hauses und der Werkstatt des 6. Hauses;
- zwischen dem Spielplatz des 3. Hauses und dem Wohnzimmer des 7. Hauses;
- zwischen dem Schlafzimmer des 4. Hauses und dem Therapiezentrum des 8. Hauses;
- zwischen der Bühne des 5. Hauses und der Rednerkanzel des 9. Hauses;
- zwischen der Werkstatt des 6. Hauses und dem Büro des 10. Hauses;
- zwischen dem Wohnzimmer des 7. Hauses und dem Vereinslokal des 11. Hauses;
- zwischen dem Therapiezentrum des 8. Hauses und der Straße des 12. Hauses;
- zwischen der Rednerkanzel des 9. Hauses und dem Hier und Jetzt des 1. Hauses;
- zwischen dem Büro des 10. Hauses und der Heimat des 2. Hauses ;
- zwischen dem Vereinslokal des 11. Hauses und dem Spielplatz des 3. Hauses;
- zwischen der Straße des 12. Hauses und dem Schlafzimmer des 4. Hauses.

Es ist z.B. für die Heimat, also für das Wohnhaus (2. Haus) sehr förderlich, wenn es in ihm eine Werkstatt (6. Haus) gibt, in der die anfallenden Reparaturarbeiten durchgeführt werden können.

8. d) Quadrat

Das Verhältnis der Trennung des Quadrates findet sich:

- zwischen dem Hier und Jetzt des 1. Hauses und dem Schlafzimmer des 4. Hauses;
- zwischen der Heimat des 2. Hauses und der Bühne des 5. Hauses;
- zwischen dem Spielplatz des 3. Hauses und der Werkstatt des 6. Hauses;
- zwischen dem Schlafzimmer des 4. Hauses und dem Wohnzimmer des 7. Hauses;
- zwischen der Bühne des 5. Hauses und dem Therapiezentrum des 8. Hauses;

31

- zwischen der Werkstatt des 6. Hauses und der Rednerkanzel des 9. Hauses;
- zwischen dem Wohnzimmer des 7. Hauses und dem Büro des 10. Hauses;
- zwischen dem Therapiezentrum des 8. Hauses und dem Vereinslokal des 11. Hauses;
- zwischen der Rednerkanzel des 9. Hauses und der Straße des 12. Hauses;
- zwischen dem Büro des 10. Hauses und dem Hier und Jetzt des 1. Hauses;
- zwischen dem Vereinslokal des 11. Hauses und der Heimat des 2. Hauses;
- zwischen der Straße des 12. Hauses und dem Spielplatz des 3. Hauses.

Wenn man z.B. gleichzeitig in der Werkstatt und auf dem Spielplatz sein will oder nicht genau weiß, wo man gerade ist, gibt es Schwierigkeiten: Ausprobieren, was man mit platten Fahrrad so alles anstellen kann, oder auf dem Spielplatz ständig nur aufräumen wollen führt nicht unbedingt zu wünschenswerten Ergebnissen …

8. e) Sextil

Das Verhältnis der Begegnung des Sextils findet sich:

- zwischen dem Hier und Jetzt des 1. Hauses und dem Spielplatz des 3. Hauses;
- zwischen der Heimat des 2. Hauses und dem Schlafzimmer des 4. Hauses;
- zwischen dem Spielplatz des 3. Hauses und der Bühne des 5. Hauses;
- zwischen dem Schlafzimmer des 4. Hauses und der Werkstatt des 6. Hauses;
- zwischen der Bühne des 5. Hauses und dem Wohnzimmer des 7. Hauses;
- zwischen der Werkstatt des 6. Hauses und dem Therapiezentrum des 8. Hauses;
- zwischen dem Wohnzimmer des 7. Hauses und der Rednerkanzel des 9. Hauses;
- zwischen dem Therapiezentrum des 8. Hauses und dem Büro des 10. Hauses;
- zwischen der Rednerkanzel des 9. Hauses und dem Vereinslokal des 11. Hauses;
- zwischen dem Büro des 10. Hauses und der Straße des 12. Hauses;
- zwischen dem Vereinslokal des 11. Hauses und dem Hier und Jetzt des 1. Hauses;
- zwischen der Straße des 12. Hauses und der Heimat des 2. Hauses.

Wenn z.B. das Wohnhaus des 2. Hauses in einem guten Zustand ist, kann es im Schlafzimmer des 4. Hauses gemütlich sein – sonst könnte das problematisch werden.

8. f) Halbsextil

Das Verhältnis der Weiterentwicklung des Halbsextils findet sich:

- zwischen dem Hier und Jetzt des 1. Hauses und der Heimat des 2. Hauses;
- zwischen der Heimat des 2. Hauses und dem Spielplatz des 3. Hauses;
- zwischen dem Spielplatz des 3. Hauses und dem Schlafzimmer des 4. Hauses;
- zwischen dem Schlafzimmer des 4. Hauses und der Bühne des 5. Hauses;
- zwischen der Bühne des 5. Hauses und der Werkstatt des 6. Hauses;
- zwischen der Werkstatt des 6. Hauses und dem Wohnzimmer des 7. Hauses;
- zwischen dem Wohnzimmer des 7. Hauses und dem Therapiezentrum des 8. Hauses;
- zwischen dem Therapiezentrum des 8. Hauses und der Rednerkanzel des 9. Hauses;
- zwischen der Rednerkanzel des 9. Hauses und dem Büro des 10. Hauses;
- zwischen dem Büro des 10. Hauses und dem Vereinslokal des 11. Hauses;
- zwischen dem Vereinslokal des 11. Hauses und der Straße des 12. Hauses;
- zwischen der Straße des 12. Hauses und dem Hier und Jetzt des 1. Hauses.

Das Kind auf dem Spielplatz (3. Haus) braucht ein Heim (2. Haus), in das es zurückkehren kann – und das Kind im Wohnhaus seiner Eltern (2. Haus) braucht ab und zu einen Ausflug auf den Spielplatz (3. Haus), um mal etwas anderes zu sehen und Neues ausprobieren zu können.

8. g) Quincunx

Das Verhältnis der ständigen Verwandlung des Quincunxes findet sich:

- zwischen dem Hier und Jetzt des 1. Hauses und der Werkstatt des 6. Hauses;
- zwischen der Heimat des 2. Hauses und dem Wohnzimmer des 7. Hauses;
- zwischen dem Spielplatz des 3. Hauses und dem Therapiezentrum des 8.

Hauses;

- zwischen dem Schlafzimmer des 4. Hauses und der Rednerkanzel des 9. Hauses;
- zwischen der Bühne des 5. Hauses und dem Büro des 10. Hauses;
- zwischen der Werkstatt des 6. Hauses und dem Vereinslokal des 11. Hauses;
- zwischen dem Wohnzimmer des 7. Hauses und der Straße des 12. Hauses;
- zwischen dem Therapiezentrum des 8. Hauses und dem Hier und Jetzt des 1. Hauses;
- zwischen der Rednerkanzel des 9. Hauses und der Heimat des 2. Hauses;
- zwischen dem Büro des 10. Hauses und dem Spielplatz des 3. Hauses;
- zwischen dem Vereinslokal des 11. Hauses und dem Schlafzimmer des 4. Hauses;
- zwischen der Straße des 12. Hauses und der Bühne des 5. Hauses.

Es ist sicherlich gut, im Vereinslokal des 11. Hauses Gleichgesinnte zu treffen, aber anschließend kann man auch mal etwas Ruhe und Geborgenheit im Schlafzimmer des 4. Hauses brauchen.

9. Der Rhythmus der Aspekte

Man kann auch einmal betrachten, welche Formen entstehen, wenn man mithilfe eines bestimmten Aspektes durch den Tierkreis läuft – also z.B. immer die 60°-Schritte des Sextils macht.

Bei der Konjunktion bleibt man stehen wo man ist, weil die Konjunktion ein 0°-Schritt ist: „Ich stehe hier und kann nicht anderes."

Eine Opposition ist fast genauso statisch, aber immerhin wechselt sie zwischen zwei Polen hin und her. Sie ist eine Schaukel- oder Pendelbewegung zwischen den beiden Polen einer Gegensatzergänzung.

Mit Trigon-Schritten geht man in einem gleichseitigen Dreieck durch den Tierkreis. Dabei werden alle drei Tierkreiszeichen, die zu einem der vier Elemente gehören, miteinander zu einem organischen Ganzen verbunden – zu einem Kreislauf von Erschaffen, Zentrieren, Ausgestalten und erneut Erschaffen.
Dies sind die vier Kreisläufe der Taten (Widder – Löwe – Schütze – Widder), der Gefühle (Krebs – Skorpion – Fische – Krebs), der Gedanken (Waage – Wassermann – Zwillinge – Waage) und der Substanz (Steinbock – Stier – Jungfrau – Steinbock).

Der Quadrat-Aspekt führt in vier Schritten durch alle vier Tierkreiszeichen, die derselben Dynamik angehören. Ein Quadrat spannt also einen Raum auf, dessen Ecken die vier Varianten einer bestimmten Dynamik sind. Das hört sich evtl. etwas kompliziert an, ist aber eigentlich recht einfach:

Die vier Ecken des erschaffenden Quadrates sind der Taten-Schöpfer Widder, der Gefühls-Schöpfer Krebs, der Gedanken-Schöpfer Waage und der Substanz-Schöpfer Steinbock. Diese vier spannen einen Raum auf, der fest und statisch ist – ganz anderes als der organische Kreislauf des Trigons.

Die vier Ecken des zentrierenden Quadrates sind die Taten-Mitte des Löwen, die Gefühls-Mitte des Skorpions, die Gedanken-Mitte des Wassermanns und die Substanz-Mitte des Stiers. Auch diese vier spannen einen festen, statischen Raum auf.

Die vier Ecken des ausgestaltenden Quadrates sind die Taten-Beweglichkeit des Schützen, die Gefühls-Beweglichkeit der Fische, die Gedanken-Beweglichkeit der Zwillinge und die Substanz-Beweglichkeit der Jungfrau. Diese vier spannen ebenfalls einen festen, statischen Raum auf.

Der Sextil-Aspekt läßt sich Zeit beim Umrunden des Tierkreises und geht in sechs 60°-Schritten durch den Kreis. Dabei besucht er alle sechs Tierkreiszeichen, die zwei verwandten Elementen angehören. Es gibt also zwei Sechsecke, die von den Sextilen gebildet werden: die Feuer/Luft-„Wabe" und die Wasser/Erde-„Wabe". Dabei werden jeweils alle drei Dynamiken der beiden Elemente miteinbezogen.

Das Sextil-Sechseck erschafft somit eine Gruppe von verwandten, ähnlichen Elementen, die zusammenwirken können. Sie sind nicht so eng wie die drei Tierkreiszeichen eines einzigen Elementes beim Trigon miteinander verbunden sondern etwas loser, da sie eine größere Gruppe sind und zwei verschiedene, aber verwandte Elemente enthalten.

Man kann dieses Sechseck auch als die Kooperation zwischen den beiden Trigon-Dreiecken von zwei verwandten Elementen auffassen: Das Feuer-Trigon und das Luft-Trigon ergeben zusammen das Feuer/Luft-Sechseck – das Wasser-Trigon und das Erde-Trigon ergeben zusammen das Wasser/Erde-Sechseck.

Die Halbsextile gehen ganz gemächlich in zwölf Schritten durch den Tierkreis und entwickeln sich dabei langsam und bedächtig Schritt um Schritt weiter – immer einen Fuß vor den anderen setzten … keine Sprünge …

Das Quincunx hat eine ganz andere Bewegung und macht insgesamt zwölf 150°-Schritte, um den Tierkreis zu umrunden – wobei es ständig zu recht weit voneinander entfernten Zeichen springt. Die Motivation bei diesen Schritten ist es, stets das zu holen, was gebraucht wird, um den augenblicklichen Zustand in einen optimalen Zustand zu bringen.

Der Widder handelt spontan und die Jungfrau räumt auf.

Die Jungfrau räumt auf und der Wassermann beschafft ihr das benötigte, übergeordnete Wissen.

Der Wassermann bastelt an der Weltformel und der Krebs hilft ihm, seine dabei entstandene Distanz zur Welt zu heilen.

Der Krebs geht nach innen in das Vertraute und der Schütze hilft durch seine Ideale dem Krebs neue Möglichkeiten zu sehen.

Der Schütze geht immer neue Projekt an und der Stier hilft ihm, sich nicht zu verausgaben, sondern die erreichten Ziele auch zu genießen.

Der Stier hortet das, was er genießen kann, und die Waage bringt Freunde mit ins Haus, sodaß das gemeinsame Genießen noch genußvoller wird.

Die Waage schafft neue Harmonie mit Freunden und der Fisch zeigt ihr, wie groß die Welt jenseits ihrer Freundschaften ist.

Der Fisch nimmt an der ganzen Welt teil und der Löwe zeigt ihm, daß man auch aus sich selber heraus strahlen kann.

Der Löwe sieht sich als das Zentrum der Welt und der Steinbock weist ihn freundlich darauf hin, daß es auch noch die Naturgesetze gibt.

Der Steinbock baut stetig an seinem tragfähigen Fundament und der Zwilling bewahrt ihn davor, betriebsblind und einseitig zu werden.

Der Zwilling spielt mit der bunten Vielfalt der Welt und der Skorpion zeigt ihm, daß es in jedem Ding in der Welt auch noch die Tiefe gibt.

Der Skorpion sucht nach dem Innersten der Welt und der Widder zeigt ihm, daß man auch ganz unbekümmert einfach mal spontan handeln kann.

10.   rückwärts und vorwärts

Man kann jeden Aspekt in zwei Richtungen hin betrachten:
- vorwärts in der Entwicklungsrichtung des Tierkreises, also gegen den Uhrzeigersinn, und
- rückwärts entgegen der Entwicklungsrichtung des Tierkreises, also im Uhrzeigersinn.

Diese Qualität dieser beiden Richtungen ist im Grunde ganz einfach:
- vorwärts gelangt man zu einem neuen Zustand, der sich aus dem alten Zustand ergibt, und
- rückwärts besinnt man sich auf die Grundlagen, aus denen der neue Zustand heraus gewachsen ist.

Diese beiden Richtungen sehen bei den sieben Aspekten recht verschieden aus:

Am deutlichsten zeigt sich dies bei den Halbsextilen, die Schritt für Schritt durch den Tierkreis gehen: vorwärts in das Neue und rückwärts haltsuchend in dem Vertrauten.

Bei den Trigonen ist diese Bewegung eher das fließende Pulsieren in einem Kreislauf: erschaffend – zentrierend – ausgestaltend – erschaffend – zentrierend – ausgestaltend … vorwärts das Neue antreiben und rückwärts von dem Alten angetrieben werden.

Die Sextile bilden eine lose Gruppe, die jedoch auch eine rhythmische Dynamik hat und in der jeder jeden anderen anregt und bereichert: entweder abwechselnd Feuer und Luft oder abwechselnd Wasser und Erde – vorwärts in Neugier und rückwärts in Vertrauen.

Die Quadrate bilden ein statisches Gerüst – vorwärts geht es zu dem Neuen und rückwärts zu dem Fundament.

Bei den Quincunxen ist es eher eine Bewegung, die an dem aktuellen Bedarf orientiert ist: vorwärts ist es ein Ordnen, rückwärts ist es eine Haltsuche.

Die Konjunktion hat zunächst einmal keine solche Reihenfolge, die man anhand der beteiligten Tierkreiszeichen erkennen könnte – man kann in Konjunktionen allerdings anhand der beteiligten Planeten eine innere Ordnung finden: Der Ursprung liegt im Pluto und die Wirkung geht über Neptun, Uranus, Saturn usw. bis hin zum Mond, der ganz am Ende der primären Impuls-Kette innerhalb einer Konjunktion liegt.

Bei einer Opposition gibt es keine Richtung, sondern nur ein hin und her – beide Pole sind vollkommen gleichberechtigt, da man bei der Opposition kein „vorwärts" von einem „rückwärts" unterscheiden kann.

Die beiden Richtungen „vorwärts" und „rückwärts" sind keine wesentlichen Eigenschaften bei der Betrachtung von Aspekten, aber sie können ab und zu helfen, eine zusätzliche Nuance in der Dynamik des Verhältnisses zwischen zwei Planeten zu erfassen.

11. Die Aspekte in Aspektgefügen

Nachdem die sieben Aspekte, die ein Mehrfaches von 30° betragen, nun schon ausführlicher beschrieben worden sind, gibt noch eine Möglichkeit, sie etwas genauer zu betrachten.

Wenn man zwei Planeten mit einem Aspekt zwischen ihnen im Tierkreis stehen hat, gibt es noch acht weitere Planeten, die zu ihnen Aspekte haben (da es insgesamt zehn Planeten sind). Dabei gibt es eine Einschränkung, die zunächst einmal vielleicht nicht sofort auffällt: Wenn z.B. die Sonne ein Halbsextil zum Mond hat, können Sonne und Mond nicht beide z.B. ein Trigon zum Mars haben – wegen dem Halbsextil (30°) zwischen Sonne und Mond können diese beiden Planeten entweder ein Trigon (120°) und ein Quadrat (90°) oder ein Trigon (120°) und ein Quincunx (150°) zum Mars haben.

Der Aspekt zwischen zwei Planeten bestimmt somit die möglichen Aspekte dieser beiden Planeten zu einem dritten Planeten. Da z.B. die Sonne jeden der sieben Aspekte zum Mars haben kann, ergeben sich daraus maximal sieben mögliche Kombinationen von Aspekten, die Sonne und Mond zum Mars haben können.

Diese möglichen Aspekt-Kombinationen eines durch einen Aspekt verbundenen Planetenpaares zu einem dritten Planeten beschreiben indirekt auch den Charakter des Aspektes zwischen dem Planetenpaar.

So kann in dem Beispiel des Halbsextils zwischen der Sonne und dem Mond dieses Paar zu einem dritten Planeten hin nur die folgenden sieben Aspekt-Kombinationen haben:

- Konjunktion und Halbsextil,
- Halbsextil und Sextil,
- Sextil und Quadrat,
- Quadrat und Trigon,
- Trigon und Quincunx,
- Quincunx und Opposition.

In dem Beispiel des Halbsextils zwischen Sonne und Mond ist es z.B. nicht möglich, daß der eine von ihnen ein Trigon und der andere ein Sextil zum Mars hat – diese harmonische „Außenbeziehung" gibt es bei zwei Planeten, die durch ein Halbsextil miteinander verbunden sind, nicht.

Diese starke Einschränkung bei den möglichen Aspekten eines Planetenpaares zu einem dritten Planeten ermöglicht es, den Charakter der sieben Aspekte durch ihre möglichen Aspekt-Kombinationen zu einem dritten Planeten noch einmal auf eine neue Weise zu betrachten.

In der folgenden Betrachtung werden überall Sonne und Mond als Beispiele für die beiden Planeten benutzt, zwischen denen der betrachtete Aspekt besteht, und der Mars als Beispiel für den dritten Planeten.

11. a) Konjunktion

Wenn Sonne und Mond eine Konjunktion haben, haben sie zum Mars stets beide denselben Aspekt. Sonne und Mond stehen also nicht nur in demselben Tierkreiszeichen und in demselben Haus, sondern haben auch zu anderen Planeten immer dieselben Aspekte – man kann folglich Sonne und Mond in einer Konjunktion auch nicht durch die Aspekte, die sie zu anderen Planeten haben, unterscheiden.

In den folgenden Betrachtung der Aspekte werden die Konjunktionen der Sonne oder des Mondes mit dem Mars fortgelassen, weil sie zu keinen neuen Erkenntnissen führen.

11. b) Opposition

Bei einer Opposition haben Sonne und Mond zwei Aspekte, die sich stets zu einer Opposition addieren lassen.

Die erste Möglichkeit ist, daß die Sonne ein Halbsextil zum Mars hat – dann hat der Mond ein Quincunx zum Mars. Die Sonne versucht, einen Schritt zum Mars hin weiterzugehen (Halbsextil) und der Mond ist darum bemüht, die Ordnung wiederherzustellen (Quincunx). Diese beiden eher unruhigen Aspekte sind mit dem ständigen Wechsel zwischen den Polen der Opposition verwandt.

Die zweite Möglichkeit ist, daß die Sonne ein Sextil zum Mars hat – dann hat der Mond ein Trigon zum Mars. In diesem Fall ist der Mars ein Freund (Trigon) des Mondes und ein guter Bekannter (Sextil) der Sonne. Die Opposition kann also sozusagen einen externen Ruhepunkt haben – dieser Punkt ist bei der Deutung eines solchen Aspektgefüges in einem Horoskop recht wichtig – der Mars ist sozusagen der externe Beziehungsberater der beiden Oppositions-Planeten Sonne und Mond. Die Kombination von Sextil und Trigon zeigt, daß die Opposition eben nicht nur ein Gegensatz, sondern auch eine Ergänzung ist – beide haben etwas gemeinsam.

Die dritte Möglichkeit ist, daß sowohl Sonne als auch Mond ein Quadrat zum Mars haben. Diese beiden Quadrate zeigen durch ihre trennende Qualität, daß die Opposition nicht nur eine Ergänzung, sondern eben auch ein Gegensatz ist.

Durch diese Betrachtung wird deutlich, daß die Opposition ein Gegensatz ist (zwei Quadrate), eine Ergänzung (Trigon und Sextil) und zudem auch noch ein ständiger Wandel und eine ständige Weiterentwicklung (Quincunx und Halbsextil).

11. c) Trigon

Bei einem Trigon haben Sonne und Mond zwei Aspekte, die stets dieselbe oder eine ähnliche Qualität haben. Um die Vielfalt der Möglichkeiten besser nachvollziehen zu können, sind in den folgenden Beispielen auch die Stellungen der Planeten in den Tierkreiszeichen angegeben.

Die erste Möglichkeit ist, daß sowohl die Sonne (Widder) als auch der Mond (Löwe) ein Trigon zum Mars (Schütze) haben. Dies ist das Dreieck des „organischen Kreislaufs" – die Grundqualität des Trigons.

Die zweite Möglichkeit ist, daß sowohl die Sonne (Widder) als auch der Mond (Löwe) ein Sextil zum Mars (Zwilling) haben – der Mars steht in der Mitte von Sonne und Mond. Sonne und Mond haben denselben guten Bekannten (Sextil), was nicht verwundert, da Sonne und Mond Freunde sind (Trigon).

Die dritte Möglichkeit ist, daß die Sonne (Widder) ein Quadrat zum Mars (Krebs) und der Mond (Löwe) ein Halbsextil zum Mars hat. Wenn die Sonne sich von dem Mars getrennt hält (Quadrat), bedeutet der Mars auch für den Mond eine große Unruhe, die zu einem Entwicklungsschritt anregt.

Die vierte Möglichkeit ist, daß die Sonne (Widder) ein Halbsextil zum Mars (Fisch) und der Mond (Löwe) ein Quincunx zum Mars hat. Hier erleben Sonne und Mond eine ähnliche Unruhe durch den Mars: Die Sonne muß sich weiterentwickeln und der Mond muß ständig Ordnung schaffen. Auch hier erleben die beiden Freunde (Trigon) Sonne und Mond wieder etwas Ähnliches.

Die fünfte Möglichkeit ist, daß die Sonne (Widder) ein Sextil zum Mars (Wassermann) und der Mond (Löwe) eine Opposition zum Mars hat. Hier trifft die Sonne einen guten Bekannten, der die Gegensatz-Ergänzung zu seinem Freund Mond ist. Hier kann die Sonne dem Mond helfen, in der Mond-Mars-Opposition im Rhythmus zu bleiben.

Die sechste Möglichkeit ist, daß die Sonne (Widder) ein Quadrat zum Mars (Steinbock) und der Mond (Löwe) cin Quincunx zum Mars hat. Hier haben beide ein wenig Streß: Die Sonne will sich vom Mars getrennt halten und der Mond muß immer wieder aufs neue nach dem rechten Verhältnis zum Mars suchen.

In allen sechs Fällen erleben die beiden Freunde (Trigon) Sonne und Mond etwas ähnliches:

In drei Fällen sind sie beide mit dem Mars befreundet (zwei Trigone) oder der Mars ist ihr gemeinsamer Bekannter (zwei Sextile) oder der Mars ist der Bekannte (Sextil) des einen und der Gegensatz (Opposition) des anderen – in diesen drei Fällen gehört der Mars zu demselben verwandten Elemente-Paar wie Sonne und Mond: Entweder stehen alle drei in den Feuer/Luft-Zeichen oder alle drei in den Wasser-/Erde-Zeichen.

In den drei anderen Fällen bringt der Mars Unruhe, da er etwas anderes ist (Quadrat) oder die Notwendigkeit des Aufräumens (Quincunx) mitbringt, oder weil er anders ist (Quadrat) und einen Entwicklungschritt (Halbsextil) verlangt, oder weil er einen Entwicklungsschritt (Halbsextil) und ein Aufräumen (Quincunx) erfordert. In diesen Fällen steht der Mars in cinem anderen Elemente-Paar als Sonne und Mond.

Das Trigon kennt somit zwei Arten von Aspekt-Paaren zu einem dritten Planeten: die drei friedlichen, rhythmischen, fließenden Aspekt-Paare zu einem Planeten in derselben Elemente-Gruppe und die drei abgrenzenden, unruhigen, sich wandeln wollenden Aspekt-Paare zu einem Planeten in der anderen Elemente-Gruppe.

Das Trigon will offenbar das eigene System stärken und wehrt dabei das andere System (Planeten in dem anderen Elemente-Paar) ab. Das Trigon gibt somit dem eigenen System Stärke, Rhythmus und die Fähigkeit, sich gegen Störungen zu behaupten – das Trigon ist eine sich gegen Fremdes abgrenzende Selbsterhaltung und Selbstbehauptung.

11. d) Quadrat

Das Quadrat trennt zwei Planeten – daher ist es nicht verwunderlich, daß sich hier in den Aspekt-Paaren viele Widersprüche finden.

Die erste Möglichkeit ist, daß die Sonne (Widder) ein Sextil zum Mars (Zwilling) hat und der Mond (Krebs) ein Halbsextil zum Mars hat: Das Sextil ist ein Schritt weiter zu dem am nächsten wohnenden Bekannten und das Halbsextil ist ein Entwicklungsschritt.

Die zweite Möglichkeit ist, daß die Sonne (Widder) ein Halbsextil zum Mars (Fisch) hat und der Mond (Krebs) ein Trigon zum Mars hat. Das, was für den Mond ein Freund ist (Trigon), ist für die Sonne die Herausforderung, sich weiter zu entwickeln (Halbsextil).

Die dritte Möglichkeit ist, daß die Sonne (Widder) ein Sextil zum Mars (Wassermann) hat und der Mond (Krebs) ein Quincunx zum Mars hat. Hier sucht die Sonne einen Bekannten auf (Sextil), was dem Mond jedoch Aufräumarbeiten beschert (Quincunx).

Die vierte Möglichkeit ist, daß die Sonne (Widder) ein Quadrat zum Mars (Steinbock) hat und der Mond (Krebs) eine Opposition zum Mars hat. Eine zweite Trennung (Quadrat) führt zu einer Opposition – das Schwingen zwischen zwei Gegensätzen.

Die fünfte Möglichkeit ist, daß die Sonne (Widder) ein Trigon zum Mars (Schütze) hat und der Mond (Krebs) ein Quincunx zum Mars hat. Hier trifft eine Freundschaft (Trigon) auf den Willen, das Bestehende entweder aufzuräumen oder in Spannung zu bringen (Quincunx).

Die fünf möglichen Aspekt-Paare, die ein Quadrat zu einem dritten Planeten haben kann, enthalten alle eine mehr oder weniger große Unruhe (Halbsextil, Quadrat, Quincunx) und daneben aber auch einen der ruhigen Aspekt (Trigon, Sextil, Opposition).

Das zeigt, daß das Quadrat zwar zwei Planeten trennt (unruhige Aspekte), aber dabei trotzdem durchaus konstruktiv ist (ruhige Aspekte). Das Quadrat ist also kein Zerstörer, sondern ein Architekt, der Mauern errichtet, damit man in ihnen wohnen kann.

11. e) Sextil

Das Sextil hat ähnliche Aspekt-Paare wie das Trigon – sie haben nur etwas weniger Zusammenhalt.

Die erste Möglichkeit ist, daß sowohl die Sonne (Widder) als auch der Mond (Zwilling) ein Halbsextil zum Mars (Stier) haben. Beide Planeten haben dasselbe Verhältnis zum Mars: einen Entwicklungsschritt.

Die zweite Möglichkeit ist, daß die Sonne (Widder) ein Halbsextil zum Mars (Fisch) und der Mond (Zwilling) ein Quadrat zum Mars hat. Dem Entwicklungschritt der Sonne hin zum Mars folgt beim Mond eine Trennung vom Mars.

Die dritte Möglichkeit ist, daß die Sonne (Widder) ein Sextil zum Mars (Wassermann) und der Mond (Zwilling) ein Trigon zum Mars hat. Hier haben beide eine harmonische Verbindung zum Mars.

Die vierte Möglichkeit ist, daß die Sonne (Widder) ein Quadrat zum Mars (Steinbock) und der Mond (Zwilling) ein Quincunx zum Mars hat. Hier gehen wieder beide in die Distanz: die Trennung des Quadrates und die Verwandlung des Quincunxes.

Die fünfte Möglichkeit ist, daß die Sonne (Widder) ein Trigon zum Mars (Schütze) und der Mond (Zwilling) eine Opposition zum Mars hat. Hier findet sich wieder eine harmonische Verbindung, die eine kreative, pulsierende Spannung (Opposition) enthält.

Drei der Aspekt-Paare, die vom Sextil ausgehen, sind dissonant – die beiden anderen sind harmonisch.

11. f) Halbsextil

Die Aspekt-Paare, die vom Halbsextil ausgehen, tragen die Entwicklungs-Unruhe des Halbsextils in sich.

Die erste Möglichkeit ist, daß die Sonne (Widder) ein Halbsextil zum Mars (Fisch) und der Mond (Stier) ein Sextil zum Mars hat. Der Entwicklungs-Schritt der Sonne zum Mars wird von einer Bekanntschaft des Mondes zum Mars begleitet.

Die zweite Möglichkeit ist, daß die Sonne (Widder) ein Sextil zum Mars (Wassermann) und der Mond (Stier) ein Quadrat zum Mars hat. Hier finden sich Bekanntschaft und Trennung.

Die dritte Möglichkeit ist, daß die Sonne (Widder) ein Quadrat zum Mars (Steinbock) und der Mond (Stier) ein Trigon zum Mars hat: Trennung und Freundschaft.

Die vierte Möglichkeit ist, daß die Sonne (Widder) ein Trigon zum Mars (Schütze) und der Mond (Stier) ein Quincunx zum Mars hat: Freundschaft und Ordnen.

Die fünfte Möglichkeit ist, daß die Sonne (Widder) ein Quincunx zum Mars (Skorpion) und der Mond (Stier) eine Opposition zum Mars hat: Ordnen und Gegensatz.

Bei einem Halbsextil zwischen Sonne und Mond haben diese beiden Planeten zum Mars stets Aspekte mit verschiedener Dynamik – der eine verbindet und der andere trennt.

11. g) Quincunx

Das Quincunx ist wie das Quadrat und das Halbsextil einer der „unruhigen Aspekte".

Die erste Möglichkeit ist, daß die Sonne (Widder) ein Halbsextil zum Mars (Stier) und der Mond (Jungfrau) ein Trigon zum Mars hat. Wenn der eine eine Freundschaft (Trigon) sucht, strebt der andere nach Entwicklung (Halbsextil).

Die zweite Möglichkeit ist, daß die Sonne (Widder) ein Sextil zum Mars (Zwilling) und der Mond (Jungfrau) ein Quadrat zum Mars hat. Wenn der eine eine Bekanntschaft (Sextil) sucht, strebt der andere nach Trennung (Quadrat).

Die dritte Möglichkeit ist, daß die Sonne (Widder) ein Halbsextil zum Mars (Fisch) und der Mond (Jungfrau) eine Opposition zum Mars hat. Wenn der eine eine Entwicklung (Halbsextil) sucht, strebt der andere nach einer Gegensatz-Ergänzung (Opposition).

Die vierte Möglichkeit ist, daß die Sonne (Widder) ein Sextil zum Mars (Wassermann) und der Mond (Jungfrau) ein Quincunx zum Mars hat. Wenn der eine eine Bekanntschaft (Sextil) sucht, strebt der andere nach Ordnung (Quincunx).

Die fünfte Möglichkeit ist, daß die Sonne (Widder) ein Quadrat zum Mars (Steinbock) und der Mond (Jungfrau) ein Trigon zum Mars hat. Wenn der eine eine Freundschaft (Trigon) sucht, strebt der andere nach Ordnung (Quincunx).

Beim Quincunx herrscht wie beim Halbsextil und beim Quadrat durch die gegensätzliche Qualität der beiden Aspekte in dem Aspekt-Paar Unruhe.

11. g) Übersicht

In den eben angestellten Betrachtungen sind nur die Arten von Aspekt-Paaren berücksichtigt worden, aber nicht ihre Häufigkeit – manche Aspekt-Paare kommen doppelt vor.

In der folgenden Liste wird geschaut, welche Aspekt-Paare sich ergeben, wenn der Mars in den zwölf verschiedenen Tierkreiszeichen steht – es müssen also immer 12 Aspekt-Paare sein, die von der Sonne und dem Mond zum Mars hin führen.

Die drei Zahlen in der linken Spalte unter dem Namen des betrachteten Aspektes zeigen an, wie die Aspekt-Paare auf die drei „Mischungen" verteilt sind.

Aspekt-Paare zu einem dritten Planeten			
Aspekt	*Aspekt-Paar*		
	harmonisch	*gemischt*	*dissonant*
Konjunktion 6 – 0 – 6	1 Konjunktion/Konjunktion 1 Opposition 2 Sextil/Sextil 2 Trigon/Trigon		2 Halbsextil/Halbsextil 2 Quadrat/Quadrat 2 Quincunx/Quincunx
Trigon 6 – 0 – 6	1 Trigon/Trigon 1 Sextil/Sextil 2 Sextil/Opposition 2 Konjunktion/Trigon		2 Halbsextil/Quadrat 2 Halbsextil/Quincunx 2 Quadrat/Quincunx
Sextil 6 – 0 – 6	2 Konjunktion/Sextil 2 Sextil/Trigon 2 Trigon/Opposition		1 Halbsextil/Halbsextil 1 Quincunx/Quincunx 2 Halbsextil/Quadrat 2 Quadrat/Quincunx
Opposition 6 – 0 – 6	2 Konjunktion/Opposition 4 Sextil/Trigon		2 Quadrat/Quadrat 4 Halbsextil/Quincunx
Quadrat 0 – 12 – 0		2 Konjunktion/Quadrat 2 Halbsextil/Quincunx 2 Halbsextil/Sextil 2 Sextil/Quincunx 2 Quadrat/Opposition 2 Trigon/Quincunx	

Quincunx 0 – 12 – 0		2 Konjunktion/Quincunx 2 Halbsextil/Trigon 2 Halbsextil/Opposition 2 Sextil/Quadrat 2 Sextil/Quincunx 2 Quadrat/Trigon	
Halbsextil 0 – 12 – 0		2 Konjunktion/Halbsextil 2 Halbsextil(Sextil 2 Sextil/Quadrat 2 Quadrat/Trigon 2 Trigon/Quincunx 2 Quincunx/Opposition	

Rein rechnerisch ergibt sich diese große Regelmäßigkeit daraus, daß die Aspekte, die eine gerade Zahl an Schritten machen, harmonisch sind (0 = Konjunktion, 2 = Sextil, 4 = Trigon, 6 = Opposition), während die Aspekte, die eine ungerade Zahl an Schritten machen, disharmonisch sind (1 = Halbsextil, 3 = Quadrat, 5 = Quincunx).

Durch eine gerade Zahl an Schritten wird dasselbe oder ein verwandtes Element erreicht – man bleibt durch eine gerade Anzahl an Schritten entweder in der Feuer/Luft-Gruppe oder in der Wasser/Erde-Gruppe. Durch eine ungerade Zahl an Schritten wechselt man jedoch die Elemente-Gruppe – was offensichtlich zu einem „Schock" führt …

Die beiden Aspekte des Aspekt-Paares, das von den „gerad-zahligen" Aspekten ausgehen, sind entweder beide harmonisch oder beide disharmonisch.

Von den beiden Aspekten des Aspekt-Paares, das von den „ungerad-zahligen" Aspekten ausgehen, ist immer einer harmonisch oder einer disharmonisch.

Die geradzahligen Aspekte sind in ihren Aspekt-Paaren immer eindeutig (zwei harmonische Aspekte oder zwei disharmonische Aspekte), während die ungeradzahligen Aspekte auch in ihren Aspekt-Paaren gegensätzlich bleiben (ein harmonischer und ein disharmonischer Aspekt).

Durch diese Betrachtung gewinnt man zwei Erkenntnis hinzu:

Zum einen, daß die Opposition, obwohl sie zu den Aspekten mit einer starken (expandierenden) Eigendynamik zählt, doch ein harmonischer Aspekt ist.

Zum anderen, daß das eher unauffällige Halbsextil, das man von seinem Namen her zu den harmonischen Aspekten zuzuordnen geneigt ist, wie das Quadrat und das Quincunx zu den disharmonischen Aspekten zählt, die eine größere Verwandlung bewirken.

12. Die Tierkreiszeichen-Herrscher

Die zwölf Tierkreiszeichen sind den Planeten zugeordnet. Dabei zeigt sich in Bezug auf die Zuordnung der Planeten eine einfache Spiegel-Symmetrie, die entlang der Achse verläuft, die von der Grenze zwischen Krebs und Löwe zu der Grenze zwischen Steinbock und Wassermann verläuft: Zwillinge und Jungfrau gehören zum Merkur; Stier und Waage zur Venus; Widder und Skorpion zum Mars usw.

Löwe	Sonne		Mond	Krebs
Jungfrau	Merkur		Merkur	Zwillinge
Waage	Venus		Venus	Stier
Skorpion	Mars, Pluto		Mars	Widder
Schütze	Jupiter		Jupiter	Fische
Steinbock	Saturn		Saturn, Uranus	Wassermann

Daraus ergeben sich einige Verwandtschaften zwischen den Aspekten und den Planeten:

Der Merkur steht im Zwilling und in der Jungfrau – der Abstand zwischen diesen beiden Zeichen ist das Quadrat (es stehen zwei Zeichen zwischen ihnen): Der Verstand des Merkurs braucht das Trennen und Unterscheiden als Grundlage für das Denken.

Die Venus steht im Stier und in der Waage – der Abstand zwischen beiden Zeichen ist das Quincunx (es stehen vier Zeichen zwischen ihnen): Die Gefühle der Venus ändern sich fortwährend mit der Situation und mit dem Verhalten der beteiligten Menschen.

Der Mars steht im Widder und im Skorpion – der Abstand zwischen beiden Zeichen ist das Quincunx (es stehen vier Zeichen zwischen ihnen): Die Taten des Mars hängen von der jeweiligen Situation und den Absichten der Menschen in ihr ab.

Der Jupiter steht im Schützen und in den Fischen – der Abstand zwischen beiden Zeichen ist das Quadrat (es stehen zwei Zeichen zwischen ihnen): Die Projekte des Jupiters sollen das Bestehende ändern.

Der Saturn steht im Steinbock und im Wassermann – der Abstand zwischen beiden Zeichen ist das Halbsextil (es steht kein Zeichen zwischen ihnen): Die Erfassung der Realität und die Lebenssicherung in der Realität erfordert ein schrittweises Vorgehen und eine fortlaufende Weiterentwicklung.

Man kann vermutlich auch Sonne und Mond auf diese Weise betrachten: Der Mond steht im Krebs und die Sonne im Löwen – der Abstand zwischen beiden Zeichen ist das Halbsextil (es steht kein Zeichen zwischen ihnen): Die Kombination der Familien-Gefühle (Mond) und des Selbstausdrucks (Sonne) erfordern eine ständige Koordination und Weiterentwicklung.

Man kann sich nun wundern, warum bei dieser Betrachtung nur die unruhigen Aspekte (Halbsextil, Quadrat, Quincunx) auftreten. Vermutlich liegt dies einfach daran, daß der Tierkreis nichts Statisches ist, sondern eine fortwährende Weiterentwicklung beschreibt.

13.   Die Angst in den Aspekten

Ein wichtiges Gefühl in fast jeder astrologischen Beratung ist die Angst, denn die meisten Menschen kommen erst dann zum Astrologen (oder zu einem Arzt oder Therapeuten), wenn es bereits „brennt".

Angst hat verschiedene Phänomene, die sich den einzelnen Aspekten zuordnen lassen:

Angst führt dazu, daß man festhält, daß man sich kleinmacht, daß man sich versteckt und möglichst unsichtbar werden will.

Das ist das „verletzte Quadrat", das sich nicht mehr traut, Raum einzunehmen, Platz zu beanspruchen, anderen im Weg zu stehen und eine klare Kontur zu haben.

Angst führt dazu, daß man innehält, sich nicht mehr bewegt, daß man erstarrt, daß man zur „Salzsäule" wird.

Das ist die „verletzte Opposition", die sich nicht mehr traut, sich zu bewegen, entdeckt zu werden, gesehen zu werden, erkannt zu werden und im eigenen Rhythmus zu leben.

Angst führt dazu, daß man den Atem anhält, daß man sich von der Welt zurückzieht, daß man alles als bedrohlich erlebt, daß man jeden Kontakt für eine Gefahr hält, daß man vollkommen einsam wird.

Das ist das „verletzte Quincunx", das die ständigen Austauschprozesse mit anderen Menschen und mit der Welt unterbricht, weil es fürchtet, daß alles, was von außen kommt, Messer und Gift und Feuer sein könnte.

Angst führt dazu, daß man nicht mehr das Neue erkunden will, daß man lieber bei dem bleibt, was man hat, und das behütet und sich an ihm festkrallt.

Das ist das „verletzte Halbsextil", das Angst vor der Zukunft hat und das fürchtet, daß jede Veränderung ein Verlust sein muß, daß jede Veränderung zu etwa Schlechterem führt, daß jeder Schritt in Neuland den Tod bringt.

Die drei Aspekte Konjunktion, Trigon und Sextil haben keinen Ansatzpunkt für die Entstehung von Angst, weil sie reiner Zusammenhalt sind und daher Sicherheit geben.

Dieses Kapitel ist sehr kurz und die Aussagen in ihm sehr schlicht, aber die Angst ist in fast allen Horoskop-Beratung letztlich der Kernpunkt, also das, was nach Heilung sucht.

14. Die Gefühle in den Aspekten

Wie fühlt sich ein Aspekt an, wenn er heil ist und man ihn so lebt, wie er eigentlich ist?

Die Antworten auf diese Fragen sind für eine Horoskopdeutung noch wichtiger als das Verstehen der Angst, die in den Aspekten liegen kann, denn man kommt nicht viel weiter, wenn man nicht erkennen kann, wie man aus der Angst heraus zu etwas Besserem gelangen kann.

Die Essenz der Konjunktion ist die Identität und der Zusammenhalt, das Gefühl des eigenständigen Handelns und des sicheren Vertrauens.
Ich bin Ich.

Die Essenz des Trigons ist die Freundschaft, der Zusammenhalt von verschiedenen Elementen, die gemeinsam einen organischen Kreislauf bilden.
Ich bin mit Dir verbunden.

Die Essenz des Sextils ist die bereichernde Begegnung, die Zugehörigkeit zu einer einer Gruppe von Gleichgesinnten.
Ich gehöre dazu.

Die Essenz der Opposition ist die endlose rhythmische Bewegung, die das Leben fließen läßt und ständig verwandelt.
Ich werde vom Wandel getragen.

Die Essenz des Quadrates ist der Raum, in dem man sich bewegen kann, die Weite, die Unabhängigkeit, die Eigenständigkeit.
Ich bin frei.

Die Essenz des Quincunxes ist der Austausch mit allen Wesen und Dingen, das Teilnehmen, das Aufnehmen und Abgeben, das Wachsen, Leben und Sterben als Teil der Welt.
Ich liebe die Welt und die Welt liebt mich.

Die Essenz des Halbsextils ist die ewige Verwandlung in immer neue Formen, die endlosen Schritte zu immer wieder Neuem, aus dem das Leben besteht.
Ich gehe voller Freude meinen Weg.

15.   Die Aspekte im Alltag

Das Wesen der Aspekte ist dann richtig greifbar geworden, wenn man sie im Alltag wiedererkennen kann. Um das zu erleichtern, werden in diesem Kapitel ein paar Beispiele angeführt, an welchen Stellen sich in einem System die Aspekte wiederfinden.

15. a)   Zelt

Das Loch in der Erde, in das die Zeltstange gesteckt wird, ist der feste Punkt des Zeltes und das erste, was festgelegt wird – es entspricht der Konjunktion.

Die Zeltplane ist stabil und reißfest – sie entspricht dem Trigon.

Die Zeltstange hält die Bodenplane und die Zeltplane auseinander und spannt einen Raum auf – das ist das Quadrat.

Die vielen Schnüre ermöglichen es, die Zeltplane zu spannen – sie entsprechen dem Quincunx.

Die Zeltpflöcke, an denen die Schnüre befestigt sind, stehen im Kreis rings um das Zelt und geben ihm gemeinsam Halt – sie sind die Sextile.

Die Spannung der Schnüre von der einen Seite zur anderen und von der Vorderseite des Zeltes zu Rückseite des Zeltes hält es aufrecht – das ist die Opposition.

Das Abbauen des Zeltes an dem einen Ort und sein Wiederaufbauen an einem anderen Ort entspricht dem Weg des Lebens – das ist das Halbsextil.

15. b)   Brücke

Die Pfeiler einer Brücke sind starr und hoch – sie sind die Quadrate.

Die Löcher, in denen diese Pfeiler stehen, sind das erste, was man bei einer Brücke baut – sie sind die Konjunktion.

Die Platte, über die man später geht, ist stabil und hält zusammen – sie ist das Trigon.

Die Seile, die über eine Hängebrücke gespannt werden, sind sehr tragfähig und stehen unter Spannung – sie sind die Opposition.

Die vielen Seile, die von den Hauptseilen zur Brücken-Platte hinunterreichen, tragen gemeinsam die Platte – sie sind die Sextile.

Die Brücke wird regelmäßig überprüft und gewartet und evtl. repariert – das ist das

Quincunx.

Manchmal wird es erforderlich, die Brücke zu vergrößern, die Zufahrten umzubauen oder die Brücke in einer anderen Weise zu verändern – das ist das   Halbsextil.

15. c) Fahrrad

Das Gestell muß fest und belastbar sein – das entspricht dem Quadrat.

Die Achsen drehen sich stets am selben Punkt – das entspricht der Konjunktion.

Die Pedale drehen sich in einem ständigen Auf und Ab von linkem und rechten Bein – das entspricht der Opposition.

Die Fahrradkette ist sehr stabil und überträgt die Kraft – sie entspricht dem Trigon.

Die Speichen halten gemeinsam Achse und Felge zusammen – das entspricht dem Sextil.

Ab und zu werden ein neuer Sattel oder neue Reifen gebraucht – das entspricht dem Halbsextil.

Und ohne ständige Pflege wird man nicht lange Freude an seinem Fahrrad haben – das entspricht dem Quincunx.

15. d) Kinder

Kinder sind eigenständig – das entspricht der Konjunktion.

Kinder brauchen das Vertrauen in die Familie – das entspricht dem Trigon.

Kinder haben einen eigenen Willen und wollen auch schon mal etwas anderes als die Eltern und brauchen daher auch Freiheit zum Gedeihen – das entspricht dem Quadrat.

Kinder genießen die Gemeinsamkeit mit Geschwistern und Freunden – das entspricht dem Sextil.

Kinder suchen mal Nähe, mal Unabhängigkeit, wollen mal dies und mal das – das entspricht der Opposition.

Kinder brauchen fürsorgliche (aber nicht festklammernde) Eltern – das entspricht dem Quincunx.

Kinder ändern und entwickeln sich – das entspricht dem Halbsextil.

15. e)   Spielplatz

Was ist für ein Kind auf dem Spielplatz das, was der Konjunktion entspricht? Das Kind selber. Die Konjunktion ist auch die Möglichkeit des Kindes, spontan und selbstbestimmt zu tun, was es will.

Das Sextil erscheint als die anderen Kinder und als Gemeinschaftsspiele.

Das Quincunx könnte z.B. ein Erwachsener sein, der auf die Kinder aufpaßt – aber auch das Abenteuer der Kinder, die den Spielplatz und seine Möglichkeiten entdecken. Weiterhin entspricht auch das Versteckspiel dem Quincunx.

Das Quadrat könnte z.B. ein Klettergerüst sein. Auch der Streit um ein Spielgerät hat einen Quadrat-Charakter.

Die Opposition findet sich z.B. als Schaukel und als Wippe.

Das Trigon kann als Rutschbahn erscheinen.

Der Sandkasten hat den Charakter der steten Veränderung des Halbsextils. Auch die Möglichkeit des Kindes, Neues auszuprobieren, entspricht diesem Aspekt.

15. f)   Komponieren

Das Thema eines Musikstücks ist beim Komponieren die Konjunktion.

Die Opposition ist der Wechsel der Stimmungen und Themen und Refrains.

Das Trigon ist der Fluß der Musik.

Das Quadrat ist die Spannung, die in der Musik durch Widersprüche, Brüche, Sprünge und unerwartete Wendungen entsteht.

Das Sextil ist die Wiederholung des Themas, das dabei auf verschiedene Weisen variiert wird: durch die Tonhöhe, durch das Tempo, durch den zu der Melodie gesungenen Text, durch das Instrument, das das Thema spielt usw.

Das Halbsextil ist die Entwicklung des Themas, des Textes, der Stimmung, der Instrumentierung usw. zu etwas Neuem.

Das Quincunx ist das Aufeinanderabstimmen aller Teile des Musikstücks.

15. g)   Wahrsagung

Die Frage des Ratsuchenden entspricht der Konjunktion – sie ist der Kern des Ganzen. In der Regel wollen die Ratsuchenden etwas über Gesundheit („Feuer"), Liebe („Wasser") und Arbeit („Erde") wissen („Luft").

Das Gespräch zwischen Wahrsager und Ratsuchendem entspricht der Opposition.

Der Wahrsagende braucht eine Verbindung zu dem Ratsuchenden, um ihm weiszusagen – das entspricht dem Trigon.

Die Kenntnis des Themas, zu dem der Ratsuchende eine Frage stellt, erleichtert das Wahrsagen – das entspricht dem Sextil.

Die klare Unterscheidung der eigenen Psyche durch den Wahrsager von dem, was er wahrgenommen hat, entspricht dem Quadrat.

Die Bereitschaft, in dem Gespräch zu völlig anderen Themen zu gelangen als das Thema der ursprünglichen Frage, entspricht dem Halbsextil.

Das Gespür des Wahrsagers für das, was der Ratsuchende braucht, entspricht dem Quincunx.

- - -

Das sind jetzt einige Beispiele dafür, wo man im Alltag den Charakter der Aspekte wiederfinden kann.

Je differenzierter man eine Sache betrachtet, an umso mehr Stellen findet man die Aspekte wieder. So befinden sich z.B. an jeder Brücke und an jedem Fahrrad Schrauben. Die Schrauben sind fest – Quadrat. Die Schrauben dienen dem Zusammenhalt – Trigon. Sie müssen ab und zu nachgezogen werden – Quincunx. Die Sattelstellschraube ist jedoch auch einfach ein Teil des Sattels, der als zentraler Platz auf dem Fahrrad Konjunktion-Charakter hat.

Es geht bei diesen Beispielen nicht darum, etwas exakt anhand der astrologischen Aspekte zu analysieren, sondern darum, daß man z.B. möglicherweise anhand des Beispiels der Zeltstange versteht, was das Wesen eines Quadrates ist.

16.   Die Aspekte in der Natur

Die Aspekte und ihre Qualitäten sind keine abstraktes Konzept oder gar willkürlich festgelegt, sondern finden sich auch in der Natur wieder.

16. a)   Tierkreis

Die Heisenberg'sche Spinkette

Die grundlegendste Entsprechung zu den Aspekten, d.h. zu dem Tierkreis, mit dem sie eng verwandt sind, ist die Superstringtheorie, die das heutige allgemeine Modell der Physik ist. Dieses Modell beschreibt alle Elementarteilchen und auch die Energiequanten als schwingende Kreise, die man einer kreisförmig gespannten Saite (englisch; „string") vergleichen kann.

Die Grundlage für dieses Modell hat Werner Heisenberg gelegt als er die nach ihm benannte „Heisenberg'sche Spinkette" entdeckt hat. Damit sind ein schwingende Kreise gemeint, die den Spin eines Teilchens beschreiben – der „Spin" ist eine Art von Rotation, die sich bei allen Teilchen findet.

Das interessante an diesen „Heisenberg'schen Spinketten" ist, daß das Grundmodell, also die kleinste Version, in der sie auftreten kann, genauso aufgebaut ist wie der Tierkreis: Er hat zwölf Wellenberge/Wellentäler und dazwischen zwölf Ruhepunkte. Diese Schwingung ist also eine „stehende Welle" wie bei einer Saite.

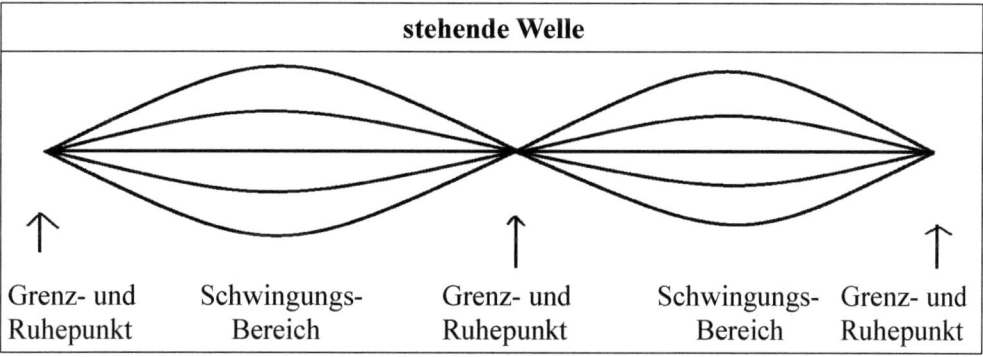

Sowohl der Tierkreis als auch die Heisenberg'sche Spin-Ketten haben die Struktur einer kreisförmigen stehenden Welle:

zwölfteilige stehende Welle:
Tierkreis / Heisenberg'sche Spin-Kette

Die zwölf Elementarteilchen

Alle Dinge sind aus den zwölf grundlegenden Elementarteilchen zusammengesetzt. Diese bestehen aus vier Teilchen, die in drei Größen vorkommen – das entspricht den vier Elementen und den drei Dynamiken des Tierkreises. Bei diesen vier Teilchen gibt es wiederum zwei Gruppen: die schweren Quarks, die den Elementen Wasser und Erde entsprechen, und die beiden leichten Teilchen Elektron und Neutrino, die den beiden Elementen Feuer und Luft entsprechen.

Die 12 grundlegenden Elementarteilchen			
	1. Familie **normale Teilchen;** **erschaffende** **Tierkreiszeichen**	**2. Familie** **schwere Teilchen;** **gestaltende** **Tierkreiszeichen**	**3. Familie** **sehr schwere Teilchen;** **bewegende** **Tierkreiszeichen**
Quarks *mit Ladung +2/3*	„up"-Quark	„charm"-Quark	„truth"-Quark
Feuer	Widder	Löwe	Schütze
Quarks *mit Ladung -1/3*	„down"-Quark	„strange"-Quark	„beauty"-Quark
Wasser	Krebs	Skorpion	Fische
Leptonen *mit Ladung -1*	Elektron	Myon	Tauon
Luft	Waage	Wassermann	Zwillinge
Neutrinos *mit Ladung 0*	Elektron-Neutrino	Myon-Neutrino	Tauon-Neutrino
Erde	Steinbock	Stier	Jungfrau

Der Tierkreis und auch die Aspekte, die sich von ihm ableiten lassen, sind somit eine grundlegende Struktur in unserer Welt.

16. b)   Opposition

Magnet

Die beiden bekanntesten physikalischen Ergänzungsgegensätze sind der magnetische Nord- und Südpol sowie die positive und negative elektrische Ladung.

Steinheilkunde: rhombisches Kristallgitter

In der Analytischen Steinheilkunde, wie sie von Michael Gienger beschrieben worden ist, findet sich ein Element, das eine deutliche Verwandtschaft mit den astrologischen Aspekten und somit mit den Winkeln aufweist: die verschiedenen Kristallgitter-Formen und ihre Qualitäten.

Es gibt genau acht verschiedene Kristallgitter, also genauso viele wie astrologische Aspekte, wenn man den Fall mitzählt, daß kein Aspekt vorhanden ist (der dem amorphen, d.h. ungeformten Kristallgitter entspricht).

Die acht möglichen Kristallformen beruhen auf dem Aufbau des ihnen zugrundeliegenden Kristallgitters, das seinerseits die Winkel in dem Kristall und dadurch die Verhältnisse der Kristallflächen zueinander definiert. Diese acht Grundformen und die ihnen entsprechenden astrologischen Aspekte sind:

Winkel, astrologische Aspekte und Kristallgitter			
Winkel	*astrologischer Aspekt*	*Kristallgitter*	*Bindungsform im Kristall*
-°	ohne Aspekt	amorph	ungeordnet
0°	Konjunktion	monoklin	Parallelogramm
30°	Halbsextil	triklin	Trapez
60°	Sextil	hexagonal	Sechseck
90°	Quadrat	kubisch	Quadrat
120°	Trigon	trigonal	Dreieck
150°	Quincunx	tetragonal	Rechteck
180°	Opposition	rhombisch	Raute

Die Raute entspricht der Opposition, da sie in der Steinheilkunde den Gegensatz von Beständigkeit und Wechsel darstellt sowie den Gemeinschaftssinn (die Du-Bezogenheit der Opposition) und auch das Ringen um eine Entscheidung (wegen der auch für die Opposition typischen Neigung zur „sowohl als auch"-Haltung).

Zusammenfassung: 180°-Winkel

Der 180°-Winkel („Opposition") hat durchgängig den Charakter eines Ergänzungs-Gegensatzes.

16. c) Quadrat

Gebäude

Der „rechte Winkel" ist das Konstruktionsprinzip so gut wie aller Gebäude und hat überall, wo er auftritt, den Charakter des Aufspannens und Erhaltens eines Raumes.

Himmelsrichtungen

Die vier Himmelsrichtungen stehen vom „Hier" aus gesehen in rechten Winkeln zueinander. Sie sind die grundlegende Orientierung im Raum.

In den älteren Weltanschauungen gibt es in der Regel sieben Himmelsrichtungen, da auch das „oben" und das „unten" sowie die Mitte als eine Richtung angesehen wird. Auch der Zenit oben und der Nadir unten stehen in rechten Winkeln zum Osten, Süden, Westen und Norden.

Koordinatensystem

Das kartesianische Koordinatensystem besteht aus zwei Achsen („x" und „y"), die sich im rechten Winkel schneiden, oder, wenn es sich um ein räumliches System handelt, um drei solcher Achsen. Das „Hier", d.h. die Mitte im System der Himmelsrichtungen, entspricht dem 0-Punkt des Koordinatensystems.

elektromagnetische Welle

Das wichtigste „Quadrat" in der Physik ist vermutlich der „Aufbau" des Lichtes, also der elektromagnetische Welle, in der die elektrische Welle senkrecht, also „quadratisch" (und phasenverschoben) zur magnetischen Welle steht und auf diese Weise das Photon, das Lichtteilchen bildet.

Dabei ist die Energie des Photons abwechselnd in der elektrischen und in der magnetischen Welle. Die Energie befindet sich nacheinander an folgenden Positionen: oben (elektrisch), rechts (magnetisch), unten (elektrisch), links (magnetisch), oben (elektrisch), rechts (magnetisch) usw. Der Wechsel der Energie zwischen der elektrischen und der magnetischen Phase ist folglich ein Kreis: oben – rechts – unten – links – oben – rechts usw.

Aus der Überlagerung der geraden Flugrichtung des Photons mit dem kreisförmigen

Wechsel seiner Energie zwischen der elektrischen und der magnetischen Welle ergibt sich eine spiralförmige Bewegung:

die „Lichtspirale"					
Energie-Aufenthalt (Kreis)	*Orte rings um die Flugbahn des Photons*				
	elektrische Phase			*magnetische Phase*		
	oben	Mitte	unten	links	Mitte	rechts
oben	+1 = oben				0 = Mitte	
rechts		0 = Mitte				+1 = rechts
unten			-1 = unten		0 = Mitte	
links		0 = Mitte		-1 = links		
oben	+1 = oben				0 = Mitte	
rechts		0 = Mitte				+1 = rechts
unten			-1 = unten		0 = Mitte	
links		0 = Mitte		-1 = links		
... ...	...				...	

Steinheilkunde: kubisches Kristallgitter

Dieses Kristallgitter, das sich z.B. beim Salz findet, besteht ausschließlich aus rechten Winkeln, weshalb die Kristalle alle kubisch, d.h. würfelförmig sind.

Der Charakter des Lebensstiles, der der kubischen Kristallisationsform entspricht, wird den Untersuchungen von Michael Gienger zufolge durch Ordnung, Überschau, Struktur, Festigkeit, Sicherheit, Kausalität, Kontrolle, Festigkeit, Regelung und Überblick geprägt.

Dies entspricht dem Charakter des astrologischen Quadrates, da dieses durch seine Weite und Trennung Raum schafft, ordnet und den Wunsch nach Offen-heit, Aufrichtigkeit und Direktheit entstehen läßt - so wie man früher manchmal (etwas übertrieben) sagte: „rechtwinklig an Leib und Seele".

Der 90°-Winkel („Quadrat") hat durchgängig den „sperrigen" Charakter des Aufspannens eines Raumes.

16. d) Sextil

Bienenwaben

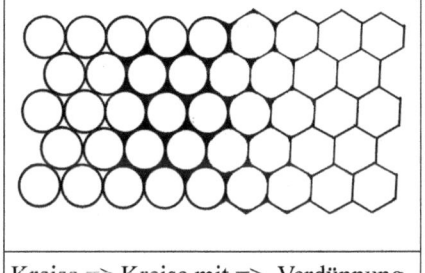

Kreise => Kreise mit => Verdünnung
gefüllten   zu Linien
Zwischenräumen   = Waben

Der bekannteste 60°-Winkel ist sicherlich die Anordnung der Wachszellen auf einer Bienenwabe. Die Form der Wabe ist in drei Schritten entstanden:

1. ursprüngliche Form: es werden möglichst dicht zusammenliegende Röhren angefertigt;

2. Stabilisierung: die Spalten zwischen den Röhren werden gefüllt;

3. Rationalisierung: die Wachsschichten werden verdünnt, wodurch sie zu geraden Flächen werden, die nun in Wabenform angeordnet sind.

Die Waben treten auch an einer zunächst ziemlich unerwarteten Stelle auf, die ebenfalls die Qualität der „effektivsten Verbindung" hat:

Wenn man nach der kürzesten Verbindung zwischen vier in einem Quadrat angeordneten Punkten sucht, wird man in der Regel zunächst einmal vermuten, daß diese kürzeste Verbindung durch drei Seitenlinien des Quadrates erreicht wird.

Bei näherer Betrachtung fällt dann vermutlich auf, daß die beiden sich kreuzenden Diagonalen insgesamt noch ein Stück kürzer sind als die Gesamtlänge von drei Seitenlinien.

Allerdings ist dies immer noch nicht die kürzeste mögliche Verbindung, denn diese beruht auf dem Wabenmuster und sieht folgendermaßen aus:

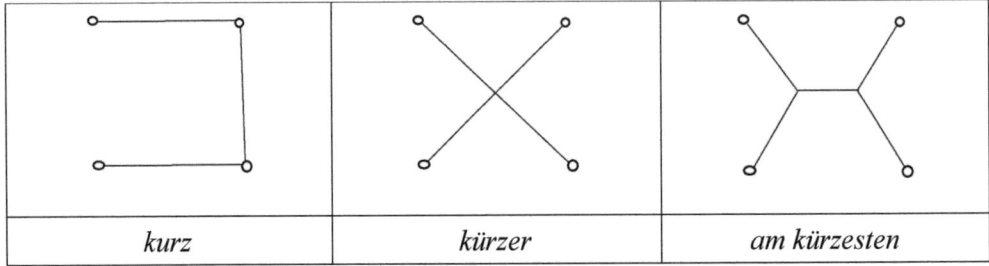

kurz	kürzer	am kürzesten

Auch hier zeigt sich, daß nicht der 90°-Winkel des Quadrates, sondern der 60°-Winkel der Wabe die „sparsamste Bauweise" sind.

(Die Linie biegt beim Quadrat um 90° zur Seite; bei der Wabe biegt sie um 60° zur Seite.)

Schneeflocken

Das Sextil findet sich in der Natur als Prinzip der Zuordnung innerhalb einer großen Anzahl von gleichartigen Elementen zu einem Ganzen; z.B. in der Bildung der Schneeflocken aus Wassermolekülen.

Schneeflocken

mehrere Monde in derselben Umlaufbahn

Das Prinzip der Anordnung einer größeren Anzahl von gleichartigen Individuen durch den 60°-Winkel findet sich auch in der Astronomie wieder. Wenn mehrere Monde sich dieselbe Umlaufbahn um einen Planeten teilen bzw. mehrere Planeten sich dieselbe Umlaufbahn um eine Sonne teilen, ist dies nur möglich, wenn diese Monde von ihrem Planeten aus (bzw. die Planeten von ihrer Sonne aus) in einem Abstand von 60° zueinander stehen.

Ein Planet kann also auf einer einzigen Umlaufbahn sechs Monde um sich kreisen haben. Solche komplexen Systeme sind zwar noch nicht nachgewiesen worden, aber sie sind durchaus denkbar. Dabei wären die unten abgebildeten symmetrischen Systeme am stabilsten. Ob auch eine unregelmäßige Verteilung von Monden auf 60°-Positionen stabil sein könnte, ist unsicher – je kleiner sie wären, desto wahrscheinlicher wäre ihre Umlaufbahn stabil.

Solche „Trojaner" genannten Himmelkörper sind durchaus nichts seltenes: die Erde, der Mars, der Jupiter, der Saturn und der Neptun haben auf ihrer Umlaufbahn solche 60° von ihnen entfernten „kleinen Geschwister"; der Saturn-Mond Dione hat einen „Zwilling" der ihm in einem Abstand von 60° vorausfliegt, und der Saturn-Mond Tethys hat seinerseits zwei Monde, Telesto und Calypso, die diesen Saturnmond auf derselben Umlaufbahn im Abstand von 60° umkreisen.

Die beteiligten Monde können durchaus verschieden groß sein.

stabile Positionen mehrerer Monde auf derselben Umlaufbahn			
häufig		*theoretisch möglich, aber noch nicht nachgewiesen*	
2 Monde	Mond und zwei kleine Monde (Trojaner)	*4 Monde*	*6 Monde*

Kohlenstoff-Moleküle und Silizium-Moleküle

Das Prinzip der Verbindung einer großen Anzahl gleicher Elemente zu einem Gefüge durch den 60°-Winkel findet sich auch in dem Aufbau von großen Molekülen aus Kohlenstoff bzw. aus Silizium.

Diese beiden Atomsorten haben vier freie Elektronen (ihre „Kontaktarme" für die Verbindung mit anderen Molekülen) und können sich daher zu sehr komplexen Molekülen zusammenschließen. Dabei bilden sie häufig „Ringe", die eigentlich regelmäßige Sechsecke sind: der Kohlenstoff den bekannten Benzolring und das hexagonal kristallisierende Graphit sowie das Silizium die Schichtsilikate und Gerüstsilikate, die besser als „Quarz" oder „Bergkristall" bekannt sind.

Diese „Ringe" aus Kohlenstoff bzw. Silizium haben die Form einer Wabe – die Atome sind in ihnen so angeordnet wie die sechs Monde auf ihrer gemeinsamen Umlaufbahn.

Der Unterschied zwischen einem Quarz und einem Bergkristall besteht darin, daß in einem Quarz jede Schicht ein großes Molekül bildet und im Bergkristall der gesamte Kristall ein einziges Molekül ist. In einem Bergkristall sind also alle Atome miteinander durch Elektronenpaare, die in 60°-Winkel liegen, verbunden.

Die übrigen Atome mit vier freien Außenelektronen, also Titan, Zirkonium, Haffnium, Blei und Thallium, sind zu groß, um auf diese Art komplexe Moleküle zu bilden.

60°-Ring-Moleküle			
Kohlenstoff		*Silicium*	
Benzol-Ring C_6H_6	*Graphit* C_n	*Quarz* SiO_2 *2D = Schichten*	*Bergkristall* SiO_2 *3D = Raum*

viele gleiche und eng gelagerte Kugeln in einer Fläche

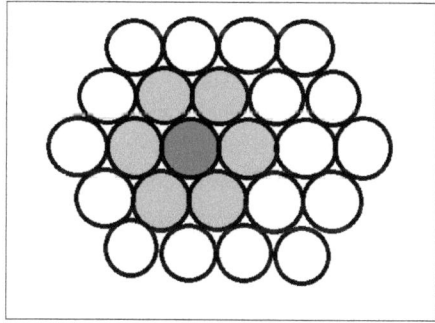

Wenn man gleichgroße Kugeln auf einer Fläche zusammenschiebt, werden sie sich so anordnen, daß immer sechs Kugelm (hellgrau) eine siebte (dunkelgrau) als Kreis umgeben – d.h. sie liegen in einem Hexagon rund um die Kugel in ihrem Inneren und bilden dabei 60°-Winkel zueinander.

viele gleiche und eng gelagerte Kugeln im Raum

Dasselbe Phänomen tritt auch in dreidimensionaler Form auf – z.B. wenn man gleichgroße Kugeln in eine Kiste füllt. Auch dann liegen in jeder Ebene jeweils sechs Kugeln in 60°-Winkeln zueinander in einem Kreis um eine zentrale Kugel herum.

Insgesamt gibt es dabei sieben solcher Ebenen, in denen wiederum alle Kugeln in einem 60°-Winkel zueinander stehen. Auch diese Ebenen selber stehen in 60°-Winkeln zueinander.

Jede Kugel liegt dabei jeweils in der „Mulde" zwischen drei Kugeln der Ebene unter ihr – wobei man dies von acht Seiten her betrachten kann.

Die Mittelpunkte der drei unteren Kugeln bilden ein gleichseitiges Dreieck. Zusammen mit dem Mittelpunkt der in ihrer „Mulde" liegenden Kugel ergibt sich dann ein gleichseitiges Tetragon.

Atomkerne

Diese Anordnung von gleichgroßen „Kugeln" in übereinander liegenden Schichten findet man in jedem größeren Atomkern („Nukleus") wieder („Nukleonen": Neutronen und Protonen).

Nun lagern sich zwar in jedem Atomkern die Neutronen und Protonen in 60°-Winkeln zueinander an, aber es läßt sich nicht aus jeder Anzahl von Protonen und Neutronen ein regelmäßige Form bilden. Am regelmäßigsten sind die Atomkern-Formen, die einer Kugel am nächsten kommen.

Man sollte nun annehmen, daß sich bei diesen Elementen mit vollkommen rundem Atomkern der Charakter des Sextils, also das Prinzip des „platzsparendsten

Zusammenfügens von gleichen Individuen" wiederfindet. Diese Elemente sind Wasserstoff, Kohlenstoff, Eisen und Osmium.

Beim **Wasserstoff** läßt sich nicht viel feststellen, da er bzw. das einzelne Proton, aus dem sein Atomkern besteht, der Grundbaustein aller anderen Atome ist – was natürlich in sich eine Beschreibung eines Sextiles darstellt, da es eben das Wesen des 60°-Winkels ist, gleichartige Individuen zu größeren Gruppen zusammenzusetzen und für ihren Zusammenhalt zu sorgen.

Beim **Kohlenstoff** ist diese verknüpfende Qualität des Sextiles sehr offensichtlich, da die gesamte organische Chemie und somit 99% aller komplexen molekularen Verbindungen und auch der gesamte Bereich des organischen Lebens auf dieser Fähigkeit des Kohlenstoffatoms zur Verknüpfung mit anderen Kohlenstoffatomen sowie mit den Atomen anderer Elemente beruht. Das Kohlenstoffatom ist der Grundbaustein aller Lebewesen – die somit auch Sextil-Charakter haben.

Lebewesen sind auf allen Ebenen komplexe zusammengefügte Gebilde: molekular, zellular, in Bezug auf die Organe, sozial … sozusagen „vielschichtige Sextile".

Beim **Eisen** tritt die Qualität des Sextiles auf eine andere Art in Erscheinung. Der Atomkern des Eisens ist die „ideale Gruppe". Dies läßt sich an der Energiebilanz von Kernspaltungen und Kernfusionen erkennen:

1. Wenn man kleinere Atomkerne miteinander zu Eisen-Atomkernen verschmilzt, wird dabei Energie frei – will man Eisen-Atomkerne jedoch aufspalten, muß man Energie aufwenden.

2. Wenn man größere Atomkerne zu Eisen-Atomkernen aufspaltet, wird Energie frei – will man jedoch Eisen-Atomkerne zu größeren Atomkernen verschmelzen, muß man Energie aufwenden.

Die Protonen und Neutronen im Atomkern des Eisens befinden sich also im optimalen Energiezustand. Daher wird sich im Weltall letztendlich die gesamte Materie in Eisen verwandeln.

Beim **Osmium**, das ein eher seltenes Metall ist, fällt der sextilbedingte große innere Zusammenhalt vor allem dadurch auf, daß dieses Metall einen der höchsten Schmelzpunkte (3033C°) und Siedepunkte (5012C°) aller Elemente hat, also seine Form nur sehr widerwillig aufgibt, um flüssig bzw. gasförmig zu werden. Daher wurde Osmium lange Zeit für den Glühdraht („Wendel") in Glühbirnen verwendet.

Osmium hat zudem die höchste Dichte aller Elemente (spezifisches Gewicht: 22,57 g/cm^3), d.h. daß in Osmium die meiste Materie auf einem bestimmten Raum zusammengeballt ist – was eben eine der Fähigkeiten des Sextiles ist.

Osmium ist das Element, daß sich von allen bekannten Stoffen am wenigsten komprimieren läßt – durch die perfekte Sextil-Form seines Kernes ist dies Element so dicht, daß es sogar noch druckfester ist als Diamanten.

Es verwundert aufgrund dieser starken Prägung durch das Sextil kaum, daß Osmium hexagonale Kristall ausbildet, also Formen mit 60°-Winkeln.

Osmium hat zusammen mit Ruthenium die höchste Oxidationszahl aller Elemente: Es ist in der Lage, achtfach zu oxydieren, d.h. acht Sauerstoff-Atome an sich zu binden. Es ist also sehr „kontaktfreudig" – wie man es von einem solchen „Sextil-Element" auch erwarten sollte.

Im Periodensystem der Elemente stehen Eisen (Ordnungszahl 26), Ruthenium (Ordnungszahl 44) und Osmium (Ordnungszahl 76) untereinander in der Abteilung der Nebengruppen-Elemente.

Wenn man sich die Form des Atomkerns des eben erwähnten Elementes **Ruthenium** anschaut, findet man eine abgeplattete Kugelform, die zwar aus vollständigen Kreisschichten (12 - 19 - 27 - 19 - 12) besteht, bei der aber zwei Schichten fehlen (die zentrale 37-er-Schicht und die zweite 27-er-Schicht) – der Ruthenium-Atomkern ist also ein „verdickter" Eisen-Atomkern bzw. ein abgeflachter Osmium-Atomkern, dem in der Mitte zwei Schichten entzogen wurden.

Die Qualität des Sextiles ist beim Ruthenium daher zwar noch deutlich sichtbar, was sich in seiner Oxydationsstufe 8, also seiner Fähigkeit, extrem viele Sauerstoffatome (8) an sich zu binden, zeigt – aber Schmelzpunkt, Dichte usw. sind aufgrund seiner unvollkommenen Form deutlich kleiner als beim Osmium.

Neutronensterne

Es gibt noch eine weitere Sorte von „Atomkernen", die aus je ca. 10^{51} Neutronen bestehen: die Neutronensterne, die die Reste von „ausgebrannten", ehemals sehr großen Sonnen sind und ausschließlich aus Neutronen bestehen. Sie haben einen Durchmesser von nur ca. 20km und sind aufgrund der hohen Gravitation (sie wiegen mehr als unsere Sonne) perfekt kugelförmig.

Aufgrund der extrem hohen Gravitation in diesen Neutronensternen liegen die Neutronen in ihnen ebenfalls in der hier beschriebenen 60°-Schichtung.

Man kann Neutronensterne daher als „hexagonale Neutronen-Kristalle" bezeichnen. In ihrem Inneren sind sie jedoch aufgrund des extrem hohen Druckes im Plasma-Zustand.

60°-Rosette

Wenn man mit dem Zirkel einen Kreis zeichnet und dann einen weiteren, gleichgroßen Kreis, dessen Mittelpunkt auf dem ersten Kreis liegt, und dann mit dem Ziehen gleichgroßer Kreise fortfährt, deren Mittelpunkt immer auf dem Schnittpunkt zweier Kreise liegt, erhält man ein „Rosetten"-Muster, das aus lauter 60°-Winkeln besteht. Auch dies ist ein Beispiel für die Kombination einer Anzahl gleichgroßer Individuen, bei der sich 60°-Winkel ergeben.

Dieses Muster trägt bisweilen auch den poetischen Namen „Blüte des Lebens".

Steinheilkunde: hexagonales Kristallgitter

Der Charakter des Lebensstiles, der dem hexagonalen Kristallgitter entspricht, wird durch Effizienz, Zielstrebigkeit, Konsequenz, Geradlinigkeit, Aufrichtigkeit, Klarheit, analytisches Denken, Beweglichkeit in Strategie und Taktik, Ablehnung jeder Einengung, Scheuklappendenken, aber auch Kritikfähigkeit geprägt. Außerdem braucht dieser Stil das Unterwegssein zu einem Ziel, und es ist auffällig, daß „hexagonale Menschen" oft als „rechte Hand des Chefs" auf der Karriereleiter stehenbleiben, ohne den letzten Schritt an die Spitze zu tun.

Mit dem astrologischen Sextil stimmt dabei dessen luftiger Charakter (das Sextil ist der Aspekt der Luftzeichen Zwilling und Wassermann), die Betonung des Denkens und die Beweglichkeit überein. Auch der merkwürdige Charakterzug, daß Personen mit dem Lebensstil von Sechseck-Kristallen nicht den letzten Schritt an die Spitze der Karriereleiter wagen, paßt zu dem Sextil, da Planeten über das Sextil bei einem anderen Planeten Halt und Unterstützung suchen (die wegfiele, wenn man ganz an der Spitze stehen und sozusagen eine 0°-Konjunktion werden würde).

Das Sextil ist der „Gruppenaspekt".

Der 60°-Winkel, von dem 6 Stück einen Kreis bzw. eine Wabe bilden, hat die Qualität des „platzsparendsten Zusammenfügens von gleichen Individuen" zu etwas Größerem.

16. e) Konjunktion

Gravitation

Die Konjunktion entspricht der ersten der drei Urkräfte: der Gravitation. Von dieser Kraft gibt es nur eine einzige Polarität – im Gegensatz z.B. zu den beiden Polen des Magneten. Die Gravitation zieht alle Teilchen gleichermaßen zueinander hin, so wie auch eine Konjunktion gleichermaßen alle an ihr beteiligten Planeten vereint. Die Gravitation ist die ursprünglichste Kraft.

Steinheilkunde: monoklines Kristallgitter

Der Charakter des Parallelogramm-Lebensstils (monokline Kristallisationsform) wird durch Unbeständigkeit, stetiges Auf und Ab, Spontanität, Improvisationstalent, Vertrauen auf die eigene Erfahrung und vor allem durch die Intuition bestimmt.

Das Parallelogramm mit seiner Sprunghaftigkeit und seiner Spontanität erinnert stark an die Konjunktion und vor allem an den von diesem Aspekt geprägten Widder.

Ein 0°-Winkel ist in diesem Kristallgitter allerdings nicht erkennbar.

Zusammenfassung: 0°-Winkel

Dieser Winkel hat die Qualität der Identität, des Zusammenhaltes und der Integration.

16. f) Trigon

Der 120°-Winkel ist in der Natur manchmal nicht leicht von dem 60°-Winkel zu unterscheiden: Eine Wabe besteht aus sechs Linien. An jeder Ecke biegen die Linien um 60° zur Seite, sodaß sie nach sechs Ecken, also nach 6·60° wieder ihren Anfang erreichen. Die Innenwinkel an jeder dieser Ecken betragen jedoch 120°.

Die beiden Monde auf der gemeinsamen Umlaufbahn um einen Planten sind von dem Planeten aus gesehen 60° voneinander entfernt, aber alle drei Körper bilden zusammen ein gleichseitiges Dreieck.

Diese Verwandtschaft der beiden Winkel zeigt sich auch in ihrer ähnlichen Qualität.

Farbkraft

In der Welt gibt es drei Grundkräfte, die einen recht verschiedenen Charakter haben:

Die Gravitation wirkt gleichermaßen zwischen allen Dingen. Sie ist „einpolar“, d.h. sie ist in sich „rund“ und es gibt keinen Gegenpol zu ihr. Sie ist die schwächste der drei Grundkräfte, aber ihre Reichweite ist unendlich.

Die Gravitation ist eine Qualität der Raumzeit und entstand daher als erste eigenständige Kraft sofort nach dem Urknall.

Diese einpolare Kraft entspricht der Konjunktion, d.h. dem 0°-Winkel.

Die elektromagnetische Kraft ist zweipolar, d.h. ihre Ladung ist „+“ oder „–“. Sie ist deutlich stärker als die Gravitation und ihre Reichweite ist ebenfalls unendlich.

Die elektromagnetische Kraft spaltete sich nach der explosionsartigen Ausdehnung des Weltalls kurz nach dem Urknall („inflationäres Universum“) von der Gravitation ab. Die elektromagnetische Kraft ist somit „jünger“ als die Gravitation.

Diese zweipolare Kraft entspricht der Opposition, d.h. dem 180°-Winkel.

Die Farbkraft, die auch „starke Wechselwirkung“ genannt wird, ist dreipolar.

Bei der Gravitation ist bereits ein einzelnes Teilchen rund und neutral. Bei der elektromagnetischen Kraft braucht man eine „+“-Ladung und eine „–“-Ladung, um zu einem neutralen Zustand zu kommen. Bei der Farbkraft benötigt man eine „rote“, eine „blaue“ und eine „gelbe“ Ladung, um ein „neutrales Weiß“ zu erhalten – diesem Gleichnis verdankt diese Kraft ihren Namen.

Sie ist die weitaus stärkste der drei Grundkräfte und ihre Reichweite ist in etwa auf das Innere eines Atomkerns beschränkt.

Die elektromagnetische Kraft und die Farbkraft sind gleich alt – sie sind sozusagen Geschwister.

Diese dreipolare Kraft entspricht dem Trigon, d.h. dem 120°-Winkel.

Die Farbkraft wirkt zwischen den Quarks, die die Bestandteile der Protonen und der Neutronen sind. Je drei Quarks bilden gemeinsam einen neutralen Zustand und sind untrennbar miteinander verbunden. Die Farbkraft zwischen den Quarks ist wie das astrologische Trigon eine zusammenhaltende Kraft.

Die drei Grundkräfte							
Grund-kraft	Teilchen (Energie-Quant)	Pola-rität	Win-kel	astrolo-gischer Aspekt	Reich-weite	„Geburt"	relative Stärke
Gravitation	Graviton	1	0°	Kon-junktion	unendlich	10^{-43} Sekun-den nach dem Urknall	1
elektromag-netische Kraft	Photon (Licht)	2	180°	Oppo-sition	unendlich	10^{-38} Sekun-den nach dem Urknall	100
Farbkraft	Gluon	3	120°	Trigon	$2{,}5 \cdot 10^{-15}$m	10^{-38} Sekun-den nach dem Urknall	10^{39}

Die drei Grundkräfte, ihre neutralen Einheiten und die Winkel in ihnen kann man wie folgt graphisch darstellen:

Die drei Grundkräfte		
Gravitation	*elektromagnetische Kraft*	*Farbkraft*
einpolar	*zweipolar*	*dreipolar*
Punkt	*Gegensatz*	*Dreieck*
Konjunktion	*Opposition*	*Trigon*
0°-Winkel	*180°-Winkel*	*120°-Winkel*

Steinheilkunde: trigonales Kristallgitter

Der Charakter des Lebensstiles, der dem trigonalen Kristallgitters entspricht, wird durch Einfachheit, Beständigkeit, Rhythmus, Beschaulichkeit, Genuß, Friedfertigkeit, natürliche Klarheit, Toleranz, Ausgeglichenheit und Freundschaften geprägt.

Dies entspricht sehr genau den Qualitäten des Trigons, da dieses als „Freundschafts-Aspekt" eine Verbindung des Einklanges, ein Zusammenwirken von Verwandtem, und eine Konstellation der Einfachheit und Beständigkeit ist.

Zusammenfassung: 120°-Winkel

Dieser Winkel, der in der Astrologie „Trigon" genannt wird, hat den Charakter einer festen, dauerhaften, untrennbaren und friedlichen Verbindung.

Das Trigon und das Sextil sind sich recht ähnlich, aber es gibt zwei markante Unterschiede:

Das Trigon (120°) ist eine feste, unlösbare Verbindung wie z.B. bei den drei Quarks in einem Neutron – das Sextil ist eine gelegentliche Verbindung.

Das Sextil (60°) ist die platzsparendste Anordnung von einer Gruppe gleichartiger Elemente – das Trigon ist eine feste Verschmelzung von Elementen.

16. g) Quincunx

Dieser Winkel ist in der Physik wesentlich schwieriger aufzuspüren als z.B. die Opposition (180°) oder das Trigon (120°).

Steinheilkunde: tetragonales Kristallgitter

Der Charakter des Rechteck-Lebensstiles (tetragonale Kristallisationsform) wird durch das Streben nach Ordnung (aber nicht deren Erreichen), Spontanität, Rationalisierungen, das Eingehenkönnen auf plötzliche Veränderungen, den Spaß am Neuen und Unbekannten, die Unbelastetheit von der eigenen Vergangenheit, Lernfähigkeit, Veränderungen, Entwicklungsfähigkeit und Sprunghaftigkeit geprägt; wechselnde Standpunkte werden stets heftig vertreten, es gibt eine Innen- und eine Außenseite des Charakters, die Selbstdarstellung ist kontrolliert und berechnet, es besteht die Gefahr des Doppellebens, aber auch die Möglichkeit intensiver Wahrheitssuche.

Es besteht offensichtlich eine Verwandtschaft mit dem Quincunx und somit auch mit dem Wesen der beiden Tierkreiszeichen Skorpion und der Jungfrau, die vom Quincunx geprägt werden: Berechnung, Maske, auf Unerwartetes schnell reagieren können, Ordnen, Rationalisierungen, Wahrheitssuche und Verbergen.

schwache Wechselwirkung

Ein Vorgang, der dem Quincunx ähnelt, ist die schwache Wechselwirkung zwischen den Protonen und Neutronen in einem Atomkern, die dazu führt, daß sich ständig gleichzeitig ein Proton in ein Neutron und ein Neutron in ein Proton verwandelt.

Diese Kraft hält die Protonen im Atomkern zusammen, die ohne diese Kraft aufgrund ihrer sich gegenseitig abstoßenden positiven Ladungen sofort auseinanderfliegen müßten.

Diese Kraft ist ein „Ableger" der Farbkraft, d.h. eine Sekundärerscheinung dieser Grundkraft.

Der Zusammenhalt bei gleichzeitiger ständiger Verwandlung ist ein deutlicher Hinweis auf das Quincunx, aber wo bei diesem Vorgang der 150°-Winkel liegt, ist unklar.

Der Charakter dieses Winkels ist zwar in der Astrologie klar definiert und er findet sich als Qualität auch in der Steinheilkunde und in der schwachen Wechselwirkung, aber der Winkel selber ist in diesen beiden Beispielen nicht klar erkennbar.

16. h) Halbsextil

Dieser Winkel ist wie der 150°-Winkel in der Natur nur schwer erfaßbar.

Steinheilkunde: triklines Kristallgitter

Der Charakter des Trapez-Lebensstiles (trikline Kristallisationsform) wird durch Sprunghaftigkeit, Spontanität, Schwanken zwischen extremen Polen, schnelle Entschlossenheit und sofortige Umsetzung dieser Entschlüsse, instinktives und zielsicheres Handeln sowie unerschütterliches Gottvertrauen und Medialität charakterisiert.

Dies sind zwar fast alles Eigenschaften, die auch vom Halbsextil bekannt sind, aber in dem triklinen Kristallgitter spielt nirgendwo ein 30°-Winkel eine prominente Rolle …

Zusammenfassung: 30°-Winkel

Der 30°-Winkel tritt anscheinend an keiner markanten Stelle auf. Wenn er nicht aus der Astrologie so gut bekannt wäre, wäre es kaum möglich, die Qualität des Halbsextils in den Naturwissenschaften anhand seines anregenden und zugleich stabilisierenden Charakters ausfindig zu machen.

16. i) Isolation

Etwas, das keine Winkel zu etwas anderem hat, ist offensichtlich isoliert und einzeln und kann daher auch keine Strukturen ausbilden.

Ein Planet, der keine Verbindung zu den anderen Planeten hat, muß sich aus sich selber heraus entwickeln und „sich selber helfen". Dadurch entsteht die Gefahr der

Einsamkeit, der Unterentwicklung, der Vernachlässigung, aber auch der zeitweiligen Dominanz dieses Planeten.

Dieser Aspekt, der ansonsten in diesem Buch nicht betrachtet wird, ist hier angeführt worden, weil ihm die letzte der acht möglichen Kristallgitter-Formen entspricht.

Steinheilkunde: amorphes Kristallgitter

Der Lebensstil, der der amorphen Kristallstruktur entspricht, ist durch Vielseitigkeit, Spontanität, Direktheit und Bewegung charakterisiert, was dem „Aspekt" der Aspekt-losigkeit entspricht.

Zusammenfassung: ohne festen Winkel

Dieser Zustand ist durch die Strukturlosigkeit geprägt – er ist die Auflösung und der Übergang zu etwas Neuem … die Raupe, die sich verpuppt und, bevor sie sich in einen Schmetterling verwandelt, vollständig zu einer Flüssigkeit wird.

16. j) Zusammenfassung

Die Qualität der meisten oben beschriebenen Winkel hat eine einheitliche Qualität, die sich in mehreren Bereichen zeigt, die sowohl aus den Naturwissenschaften als auch aus der Astrologie stammen und in der Übersicht unten noch durch einige Beispiele aus anderen magischen-mythologischen Bereich ergänzt worden sind.

Die Qualität der Winkel

Winkel	Qualität	
	naturwissenschaftliches Weltbild	*magisch-mythologisches Weltbild*
0°	Identität und Zusammenhalt	
	- s-Orbitale - Gravitation	- astrologischer Aspekt: Konjunktion - monoklines Kristallgitter (unsicher)
30°	Anregung, Halt und Förderung	
	- Hitze, zündender Funke - Katalysator - Enzym	- astrologischer Aspekt: Halbsextil - triklines Kristallgitter (unsicher)
60°	sinnvolle/platzsparendste Anordnung gleicher Elemente	
	- Bienenwaben - Schneeflocken - Kohlenstoff-Moleküle (Benzol-Ring) - Silizium-Moleküle (Quarz) - mehrere Monde in derselben Umlaufbahn - f-Orbitale - viele gleiche und eng gelagerte Kugeln in einer Fläche - viele gleiche und eng gelagerte Kugeln im Raum - Atomkern: Kohlenstoff - Atomkern: Eisen - Atomkern: Osmium - Neutronensterne - 60°-Rosette - kürzeste Verbindung zwischen vier Punkten	- astrologischer Aspekt: Sextil - hexagonales Kristallgitter
90°	Raum aufspannen	
	- Himmelsrichtungen - Koordinatensystem - elektromagnetische Welle - Spin - d-Orbitale	- Symbolik der Himmelsrichtungen - astrologischer Aspekt: Quadrat - kubisches Kristallgitter

Die Qualität der Winkel (Fortsetzung)		
Winkel	***Qualität***	
	naturwissenschaftliches Weltbild	*magisch-mythologisches Weltbild*
120°	<u>fester, untrennbarer Zusammenhalt</u>	
	- Farbkraft/Quarks	- astrologischer Aspekt: Trigon - trigonales Kristallgitter
150°	<u>ständige Verwandlung und Weiterentwicklung</u>	
	nur von der Qualität her dem 30°-Winkel zugeordnet: - schwache Wechselwirkung	- astrologischer Aspekt: Quincunx - tetragonales Kristallgitter (unsicher)
180°	<u>Ergänzungs-Gegensatz</u>	
	- Urknallimpuls und Gravitation - elektrische Ladung (+/-) - Magnetismus (Nord/Süd) - p-Orbital	- astrologischer Aspekt: Opposition - Urgottheiten-Paar - rhombisches Kristallgitter
-°	<u>ohne Struktur</u>	
	- Chaos - Entropie	- astrologischer Aspekt: ohne Aspekte - amorphes Kristallgitter

Von diesen Winkeln sind die meisten entweder durch viele Beispiele oder durch wenige, aber sehr markante Beispiele in ihrer Qualität sowohl im naturwissenschaftlichen Bereich als auch in der Astrologie gut bekannt.

Lediglich der 30°-Winkel und der 150°-Winkel sind in den Naturwissenschaften nur als Qualität, aber nicht als Winkel wiederzufinden.

17.   Das Schwingen des Tierkeises

Der schwingende, zwölfteilige Kreis ist als „Tierkreis" zum einen die Grundlage der Astrologie und zum anderen ist er als „Heisenberg'sche Spinkette" („Superstring") die Grundlage der gesamten heutigen Physik. Zudem sind die Qualitäten der Winkel in der Astrologie und in der Physik genau dieselben.

Das bedeutet, daß die astrologischen Aspekte ein grundlegender Bestandteil unserer Welt sind – sozusagen ein wesentlicher Teil ihres Bauplans.

Die sieben Aspekte sind Eigenschaften des „schwingenden Kreises" – sowohl des Tierkreises als auch der Superstrings:

> die zentrierende, haltgebende Identität der Konjunktion,
> der endlose Wechsel der Polarität der Opposition,
> der weite, freie Raum des Quadrates,
> der pulsierende, organische Kreislauf des Trigons,
> die bereichernde Gemeinschaft des Sextils,
> die Entwicklungsschritte des Halbsextils und
> die endlosen Austauschprozesse des Quincunx.

Man kann dies sicherlich auch andersherum formulieren: Die Eigenschaften der sieben Aspekte bewirken das Schwingen der Kreise, aus denen unsere Welt besteht.

Daraus ergibt sich wiederum, daß die Kombination der Eigenschaften der sieben Aspekte dieser „schwingenden Kreise" zu einer organischen Einheit unser Leben „rund" werden läßt.

17. a)   Die Wirkung der sieben Aspekte im Kreis

Der zwölfteilige, schwingende Kreis ist die Grundform unserer Welt – sowohl in materieller Hinsicht („Superstrings") als auch in astrologischer Hinsicht („Tierkreis").

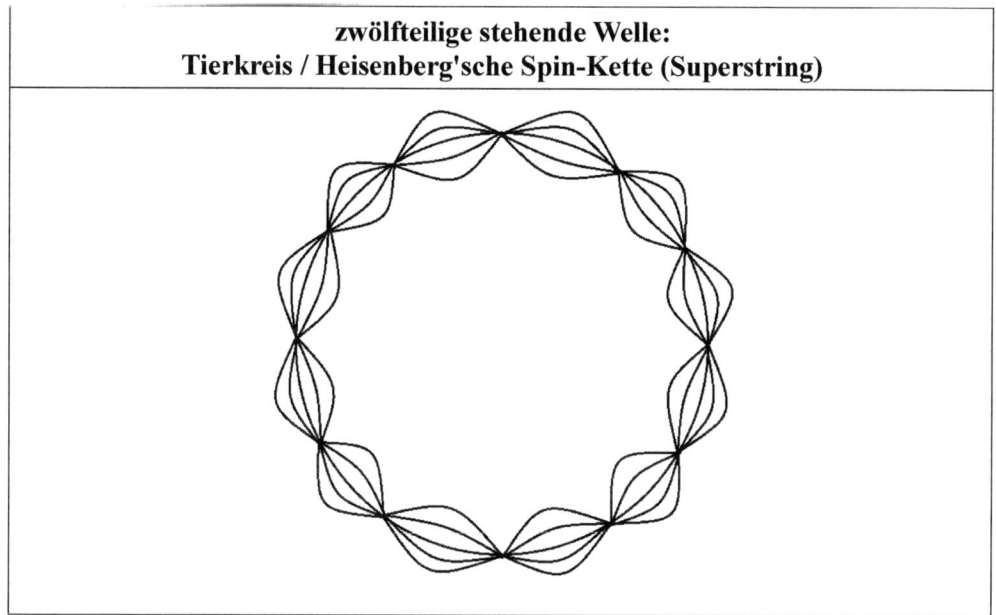

zwölfteilige stehende Welle:
Tierkreis / Heisenberg'sche Spin-Kette (Superstring)

Konjunktion

Die Konjunktion gibt jeder der zwölf Tierkreiszeichen bzw. jeder der zwölf Wellen des Superstrings seine Identität – die Konjunktion hüllt jedes Tierkreiszeichen bzw. jede Zwölftel-Welle ein, gibt ihr Halt und einen Rahmen und unterscheidet sie von den anderen elf Wellen bzw. Tierkreiszeichen.

Die Konjunktion entspricht der ältesten und einfachsten der drei Grundkräfte: der einpolaren Gravitation, die alles zusammenhält.

Opposition

Die Opposition ermöglicht das Schwingen der zwölfteiligen stehenden Welle bzw. des Tierkreises. Dieses Schwingen ist zeitlich gesehen eine Sinuskurve: die elektrische bzw. magnetische Welle eines Photons. Durch dieses Schwingen entsteht überhaupt erst eine Welle, die einen Raum einnehmen kann. Eine Welle (Sinuskurve) ist eine Gerade, die in regelmäßigen Abständen abwechselnd nach oben und nach unten schwingt – so wie eine Saite („string").

Die Opposition entspricht der elektromagnetischen Kraft, die als zweite der drei Urkräfte entstanden ist. Sie ist zweipolar und hat daher einen Wechsel zwischen zwei Polen.

Quadrat

Das Quadrat bewirkt, daß die Kraft in dem Tierkreis bzw. in der stehenden Welle (Superstring) nicht zu einem Punkt zusammenfällt, sondern einen Raum aufspannt. Die Dynamik, die dies bewirkt, zeigt sich im Photon, d.h. in der elektromagnetischen Welle: Beide Wellen stehen im rechten Winkel zueinander und geben ständig die Energie an die andere ab, sodaß die Energie ständig zwischen elektrischer und magnetischer Welle hin- und herfließt.

Wenn die Energie zu gleichen Teilen in beiden Wellen wäre und dort dann auch immer in diesem Maße bleiben würde, gäbe es keine zwei Wellen mehr, sondern nur noch eine Gerade – was bedeuten würde, daß das Photon zu existieren aufhören würde. Die elektromagnetische Welle existiert nur so lange, wie sie eine Welle sein kann … Das Quadrat verhindert, daß die Welle zur Geraden wird und daß der Kreis in sich zusammenfällt und verschwindet.

Das Raum-aufspannende Quadrat entsteht als Folge der Oppositions-Schwingung.

Trigon

Das Trigon ist in der Astrologie der Zusammenhalt und der organische Kreislauf. Dieses Dreieck ist auch die stabile Form, in der zwei Monde auf derselben Umlaufbahn um einen Planeten kreisen können.

Auch die zusammenhaltende Farbkraft in den Atomkernen ist dreipolar – in ihr gibt es einen ständigen, fließenden Wechsel zwischen ihren drei Polen. Sie ist die Urkraft, die als dritte und letzte entstanden ist.

Der Wechsel zwischen den drei Polen der Farbkraft entspricht dem organischen Kreislauf der drei Dynamiken eines Elementes im Tierkreis; „… aufbauen, zentrieren, ausgestalten – aufbauen – zentrieren – ausgestalten …".

Offenbar hält das Trigon und sekundär das Sextil den schwingenden Kreis zusammen – so wie die Opposition und sekundär das Quadrat verhindern, daß der Kreis in sich zusammenfällt. Beide gemeinsam erhalten den Kreis – das Trigon und das Sextil verhindern, daß sich der Kreis unendlich ausdehnt, und die Opposition und das

Quadrat verhindern, daß er zum Punkt zusammenschrumpft.

Sextil

Das Sextil ist das Prinzip der Bildung einer Gruppe aus gleichen Elementen. Das eine Sechseck („Wabe" aus sechs Sextilen) in dem Kreis besteht aus den sechs Wellenbergen und das andere Sechseck besteht aus den sechs Wellentälern. Dies entspricht in der Astrologie den sechs Feuer/Luft-Zeichen und den sechs Wasser/Erde-Zeichen, die beide je ein Sechseck bilden.

Das Sextil koordiniert also das gemeinsame Schwingen der zwei Sechsergruppen von Tierkreiszeichen im Tierkreis bzw. von Zwölftelwellen im Superstring.

Das Sextil ist somit aus dem Trigon heraus entstanden.

Halbsextil

Das Halbsextil verbindet jedes Tierkreiszeichen bzw. jede Zwölftel-Welle mit dem ihm folgenden und dem ihr vorausgehenden Tierkreiszeichen bzw. Zwölftel-Welle. Dadurch schwingt der Tierkreis bzw. die stehende Welle (Superstring) als Ganzes – die Saite führt über die Grenze zwischen zwei Tierkreiszeichen bzw. zwischen zwei Zwölftel-Wellen zu dem nächsten Tierkreiszeichen bzw. zu der nächsten Zwölftel-Welle weiter. Es sind nicht zwölf Abschnitte, sondern ein Kreis, nicht zwölf Wellenteile, sondern eine schwingende Saite, nicht zwölf Tierkreiszeichen, sondern ein Tierkreis.

Wenn bei einer Zwölftelwelle gerade ein Wellenberg ist, hat die ihr vorausgehende und die ihr folgende Zwölftelwelle stets ein Wellental. Das entspricht dem Wechsel von Feuer/Luft und Wasser/Erde im Tierkreis.

Man kann daher sagen, daß das Halbsextil, das zwei Zwölftelwellen bzw. zwei Tierkreiszeichen miteinander verbindet, zum einen dafür sorgt, daß der gesamte Kreis überhaupt zusammenhält, und daß es zum anderen bewirkt, daß es den Wechsel zwischen den beiden Elemente-Paaren gibt – und zudem auch noch, daß der gesamte Kreis in einem gemeinsamen Rhythmus schwingt.

Das Halbsextil hält die vier Trigon-Dreiecke bzw. die beiden Sextil-Sechsecke zusammen, sodaß sie einen Kreis bilden.

Bisher gibt es die Konjunktion, die die Individualität schützt; dann die schwingende Opposition, von der sich das Raum-aufspannende Quadrat ableitet; weiterhin das zusammenhaltende Trigon, von dem sich das koordinierende Sextil ableitet; und schließlich noch das Halbsextil, daß die Gesamtbewegung des schwingenden Kreises koordiniert und in einen gemeinsamen Rhythmus bringt.

Man kann daher vermuten, daß das sich das Quincunx von der Tätigkeit des Halbsextil ableiten läßt – so wie das Quadrat von der Opposition und das Sextil vom Trigon. Das Halbsextil verbindet jedes Zeichen mit dem ihm folgenden Zeichen – das Quincunx verbindet ein Zeichen mit den beiden Zeichen, die neben dem Zeichen liegen, das ihm gegenübersteht (links und rechts neben der Opposition).

Es hat somit den Anschein, als ob die beiden Quincunxe dabei helfen würden, daß die Schwingung zwischen dem Zeichen selber (z.B. Widder) und dem Zeichen, das ihm gegenüber steht (das wäre dann die Waage), diese beiden Zeichen nicht auseinanderreißt. Die beiden Quincunxe führen in diesem Beispiel vom Widder aus zur Jungfrau und zu dem Skorpion links und rechts von der Waage.

Bildhaft gesprochen, sind die beiden Quincunxe die Seile an der Schaukel, die verhindern, daß das Schaukelbrett durch seinen Schwung davonfliegt.

17. b) Die Wirkung der sieben Aspekte in der Psyche

Am Anfang steht die Individualität, das *„Ich bin"* der Konjunktion.

Dann folgt die Bewegung, das Schwingen, der Wechsel zwischen den Polen: das *„Ich atme"* der Opposition.

Daraus entsteht sekundär das sich-Strecken, das Raum-Einnehmen: das *„Ich stehe"* des Quadrates.

Nun folgt der organische Kreislauf, der Zusammenhalt: das *„Ich lebe"* des Trigons.

Daraus entsteht sekundär das koordinierte Schwingen des Ganzen, der Zusammenhalt aller Teile: das *„Ich schwinge"* des Sextils.

Alle Teile des Ganzen bilden eine Folge, eine Reihe, einen Kreis, in der jede Bewegung mit der Bewegung davor und dahinter verbunden ist: das *„Ich wachse"* des Halbsextils.

Daraus entsteht sekundär auch der Zusammenhalt, der dem Schwingen der Opposition eine Hülle gibt: das *„Ich bewahre"* des Quincunx.

17. c)   Die Wirkung der sieben Aspekte im Leben

Alles Lebendige hat dieselben Merkmale, ohne die nichts Lebendiges existieren kann. Es liegt nahe, zu schauen, ob diese Merkmale den sieben Aspekten entsprechen.

Jedes Lebewesen hat seine eigene Gestalt, seine Grenze und seinen Inhalt, und schließlich auch seine Identität, die in seiner DNS begründet liegt. Dies entspricht der Konjunktion.

Jedes Lebewesen hat einen Stoffwechsel – es nimmt Stoffe auf, verarbeitet sie, nutzt sie und gibt andere Stoffe wieder ab. Zudem bewegt es sich zu den Orten und Dingen, die für es förderlich sind. Dies entspricht dem Rhythmus der Opposition.

Jedes Lebewesen besitzt Sinne, mit denen es die Umwelt wahrnehmen kann, und Organe, mit denen es auf die Umwelt reagieren kann. Dadurch kann es sich selber erhalten. Das entspricht dem Quadrat.
Dies ist eine Hilfsfunktion für den Stoffwechsel – das Quadrat entsteht aus der Opposition heraus.

Jedes Lebewesen kann wachsen und sich fortpflanzen, den sonst könnte es sich nicht aus einer Eizelle heraus entfalten und nicht die eigene Art erhalten. Dieses Ansammeln von Substanz und diese Vermehrung entspricht dem Trigon.

Jedes Lebewesen besitzt die Fähigkeit, den eigenen Organismus als Ganzes zu koordinieren. Das entspricht dem Sextil.
Dies ist eine Hilfsfunktion für das Wachstum und die Fortpflanzung – das Sextil entsteht aus dem Trigon heraus.

Jedes Lebewesen besitzt die Fähigkeit, sich anzupassen und weiterzuentwickeln – sonst würde seine gesamte Art bei veränderten Umweltbedingungen sterben. Dies entspricht dem Halbsextil.

Jedes Lebewesen ist in der Lage, die Prozesse in dem eigenen Körper und auch sein Verhalten dem Zustand seiner Umwelt entsprechend zu regulieren. Das entspricht dem Quincunx.
Dies ist eine Hilfsfunktion für die Fähigkeit, sich anzupassen und weiterzuentwickeln.

17. d)   Die Weisheit der sieben Aspekte

Aus den Betrachtungen in diesem Kapitel ergibt sich, daß man auf sieben Dinge achten sollte:

- daß man sich der eigenen Identität bewußt ist und sie schützt (Konjunktion);

- daß man seinen Rhythmus findet und das aufnimmt, was einem gut tut sowie das ausscheidet, was einem schadet (Opposition);

- daß man seinen Raum einnimmt und verteidigt (Quadrat);

- daß man sich selber ausdrückt und wächst und gedeiht (Trigon);

- daß man sich als Ganzes wahrnimmt und allen Teilen des eigenen Wesens Raum gibt und deren Ausdruck koordiniert (Sextil);

- daß man sieht, wo man ist, und sich weiterentwickelt und neue, passendere Lebensformen entwickelt (Halbsextil);

- und daß man erkennt, wie man sich da, wo man gerade ist, am sinnvollsten verhält (Quincunx).